U0097619

台灣建國論

姚嘉文 著

目　錄

1. 美國潘恩的《常識》推動建國

公元一七七五年，北美十三州爆發對英國的反抗戰爭，史稱「美國獨立戰爭」。北美十三州人民雖然反抗英國統治者，與英國駐軍作戰，但北美十三州的未來究竟如何？是只要求英國倫敦政府改善其殖民地政策，給予殖民地更多的自治權呢？還是自己宣布獨立，建立一個新的國家呢？北美十三州內部仍有不同意見。甚多反抗軍官兵，甚至統帥華盛頓將軍，對北美十三州是否要脫離英國，不再效忠英王喬治第六，仍猶疑不決。

時有記者出身的湯瑪斯潘恩（Thomas Paine），在一七七六年一月發表《常識》（*Common Sense*）一書，說出脫離英國獨立建國的主張與理由。他在書中說明天賦人權，人生而平等，強調美洲應該自主獨立。其書風行一時，影響所及，各州人民漸漸贊成獨立建國。《常識》一書確定及堅定了反抗軍官兵及北美十三州人民的「獨立建國」的立場，對美國的獨立，功勞甚大。一七七六年北美十三州代表終於發表有名的「獨立宣言」，建立了新國家。

潘恩在書中說：

「有人說，英國是祖國，是我們的父母。其實，歐

洲才是北美的父母之
邦，而不是英國。」

「這個新世界曾
經成為歐洲各地受迫
害的，酷愛公民自由
與宗教自由的人士的
避難所。他們逃到這
裡來，並不是要逃出
母親溫柔的懷抱，而
是要躲避魔鬼暴虐。
把第一批移民逐出鄉
里的那種暴政，還在
追逐著他們的後代……」

▲湯瑪斯潘恩

「既然抵抗才有效力，那麼為了上帝，讓我們達到
最後的分離，不要讓下一代的人，在遭屈辱的毫無意義
的父子關係名義下趨於滅亡。……」

「英國屬於歐洲，北美屬於他自己……」

「組織我們自己的政府，乃是我們天賦的權利。當一個人認真考慮到世界的動盪時，他就會深深地相信，我們盡力以冷靜審慎的態度來組織我們自己的政權形式，要比把這樣一個重大問題交給時間和機會去支配，來得無限的聰明與安全。……」

2. 甘地的「自治論」推動印度獨立

　　二十世紀初，印度人民不滿英國的殖民統治，紛紛進行抗議運動，但對如何提出政治主張，各方並不一致。印度獨立運動領袖，聖雄甘地（Mohandas Gandhi）在一九〇九年發表《印度自治論》一書，闡述爭取印度獨立自主的思想。

　　甘地在英國倫敦求學及在南非工作期間，不斷鼓吹殖民地自治的理論。一九〇七年他前往倫敦陳情無獲，自倫敦回印度時，途中寫了一部三萬字的文稿，名爲「印度自治論」。書中甘地提出了他自己獨特的「自治」觀。他認爲，英國的殖民統治已使印度精神退化，經濟衰敗，政治屈辱，個人貧困，因而道德崩壞，但英國人多受自己的商業觀念影響，不會主動改變這種情況。

　　他認爲：

　　「印度唯一的出路是自己起而爭取自治。」

　　甘地所講的這種「自治」，不僅是政治自由，還包括人的精神完善和社會協和。兩者緊密相聯，互相協調。

▲甘地

如何達到這一目的？甘地認爲「暴力」不能拯救印度，他的文化需要用不同的、高超的自衛武器，即以「愛」的福音代替「仇恨」，以「自我犧牲」代替「暴力」，以「靈魂」的力量代替「野蠻」。

這就是他後來所倡導的「真理」與「非暴力」、「不合作」的運動理論。

實現印度「自治」，是甘地當時爲真理奮鬥的口號及公開目標。他實際上是用這一觀念與理論，去反對英國的殖民制度，以脫離英國的統治，以恢復印度的獨立。

甘地《印度自治論》書中宣揚的「非暴力主義」，是依據印度當時特有的社會、宗教、政治及文化，創造出來的政治運動理論，深爲印度人民所認同，成爲未來印度獨立運動的基本理論。

3.「理論」、「組織」與「活動」

任何國家從事建國運動時，或進行革命工作之先，都需要有一套建國與革命理論，做為建國工作及革命運動依據。

「理論」、「組織」與「活動」是任何政治運動所應具備的三要素。「理論」是「組織」的靈魂基礎，「組織」是「活動」的力量來源，「活動」使「理論」得以傳播，「組織」得以發展。三者缺一不可。

「台灣獨立建國運動」，需要有健全的「理論」基礎。在各個不同時期，建國「理論」會有不同的面相，但基本理論應只有一個。

至今六十年間，推動「台灣獨立建國運動」的偉大人民，在不同時期，在不同場合，提出許多不同理論。這些理論的發展，是「台灣獨立建國」運動的經驗，不但有歷史的價值，也是未來運動的重要參考指針。

本書就數十年來，各界對「台灣獨立建國運動」提出的理論，加上作者本人數十年來對「台灣獨立建國」許多主張，整理成冊，名為「台灣建國論」。書中有系統的說明「台灣獨立建國運動」發展經過及面臨的各種問題，可引導海內外台灣人推動建國運動走向正確的方向，使我們的建國目標，早日完成。

4. 建國需要正確的理論

台灣進行「獨立建國運動」，常常擔心國際阻止或外國入侵。其實如今國際關係複雜，任何一國不可能單純以武力征服他國。任何武力行動，都會牽動國際勢力的平衡，引起國際干涉。推動「台灣獨立建國運動」，必須內能喚起民眾，團結國人，外能因應時勢，說服國際。軍事方面則必須能有自衛能力。古人說：「大國有征伐之兵，小國有備禦之固。」（《管子》書中引吳臣之語，見《資治通鑑》）如此，則不必過分擔心運動的困難。

印度有一傳說。古代印度的「摩揭陀國」之王，計畫進攻另一部落「范吉安斯」，派了一個使者去求教於佛教始祖釋迦牟尼，說：

「先生，我們的國王想去攻打『范吉安斯』人，您覺得可以嗎？」

釋迦牟尼反問使者說：

「你知道嗎？『范吉安斯』人是不是經常的舉行國會，而且是很團結的呢？」

使者回答：

「先生，是的。他們很團結，而且經常舉行全民會議。」

　　「那麼我告訴你，」釋迦牟尼說：「如果『范吉安斯』人很團結，而且經常舉行國會；如果他們沒有不公平的法律，沒有專制；如果他們在自己選出的領袖指導下精誠團結；如果他們敬老愛賢；如果他們尊敬婦女；如果他們容許宗教的信仰自由；如果他們是這樣的昌盛安定，那麼他們是不會被征服的。……你去這樣告訴你們的國王吧！」（引自吳俊才《印度獨立與中印關係》P174）

　　釋迦牟尼的智慧與印度的經驗，可以啓示我們，也可以在台灣進行「獨立建國運動」時，給我們鼓勵與教訓。

台灣要建國

▲林獻堂

公元一九○九年，中國維新運動學者梁啓超訪問日本，在東京時台灣人領袖林獻堂等人前往求見，請教台灣政治運動問題。梁啓超回答他們說：

「三十年內，中國絕無能力可以救援你們，最好效愛爾蘭之抗英……勾結英朝野，漸得放鬆壓力，繼而獲得參政權，也就得與英人分庭抗禮了。」

幾年以後，中國革命成功，一九一三年時，中國革命元勳戴天仇到東京訪問，林獻堂前往求見，痛陳台灣人民處境的慘狀，求助中國協助。戴天仇也告訴他說：

「中國現在因為袁世凱行將竊國，帝制自為，為致力討袁，無暇他顧，滅袁以後，仍須一番整頓。所以十

年內無法幫助台灣人……」

　　台灣自鄭成功開始，一直有獨立自主及建國自立的思想。但是自一八九五年「台灣民主國」失敗以後，以及因國際形勢缺乏建國條件，因此建國的主張無從發展，台灣社會只能先追求內部民主改革。林獻堂等人當時不能預見台灣何時可能脫離日本掌握，中國方面也從未想及有無可能「再取」台灣。在這種情形之下，台灣只能追求民主改革，中國也無多用心於台灣。毛澤東在一九三八年時，曾經說過：

　　「如果朝鮮人民希望掙脫日本帝國主義的枷鎖，我們熱烈支持他們爭取獨立的戰鬥。這一點同樣適用於台灣。」

　　第二次世界大戰後，情勢改觀。一九五一年「舊金山對日和平條約」簽訂後，日本在法律上放棄了台灣主權，台灣脫離日本。入台佔據的蔣介石，雖然沿用已亡國的「中華民國」國名，實際上是在台灣建立一個新國家新政權。由於東西冷戰國際對峙，蔣介石仍得以原

「中華民國」政府名義，佔用聯合國中國代表席位，獲得美國政府的外交承認與支持。「中國國民黨」政府公開主張統治台灣及中國大陸及外蒙古。但當一九七一年聯合國席位，及一九八〇年美國政府的外交承認相繼喪失後，情勢大變，「中國國民黨」政府的主張破產。「中華人民共和國」反而藉此主張台灣是中國的一部份，使台灣地位及安全遭受威脅。

蔣介石以後的「中國國民黨政府」，明知繼續主張台灣與中國屬「中華民國」，會嚴重傷害台灣的地位，但仍無法改變立場，反而運用「以中國對付台灣」的策略，壓制「台灣獨立建國運動」，成爲台灣建國工程的最大障礙。

自一九五一年「舊金山對日和平條約」簽字生效以後，在法律上台灣已是一個主權獨立國家，但因欠缺正常國家的一些要件，而且統治台灣的「中國國民黨」，繼續使用「中國政府」的國號（「中華民國」），宣稱是事實上已亡國的「中華民國」的延續，引發「台灣」與「中國」（大陸），甚至「外蒙古（蒙古國）」同屬一國的聯想，這更使北京的共產「中國」政府據此主張台灣爲其領土。這種做法對台灣傷害甚大。

　　台灣內部因長期接受「中國國民黨」教育洗腦，許多人無法清楚接受台灣為一主權獨立國家的事實。即使主張台灣應該獨立的學者（甚至國外台獨運動者），亦有主張台灣必須從「中華民國」脫離，台灣人應向「中華民國」宣布獨立脫離中國。甚或有學者主張應向「中華人民共和國」宣布獨立脫離，更有主張台灣是美國的領土云云，均是不合事實。

　　早期台灣獨立運動者，多依據「台灣地位未定」理論，提出「統獨」之爭說，在公民投票的運動中，有請人民就「統一」、「獨立」選項中二選一的說法。「中國國民黨」則多倡「統一」、「獨立」及「維持現狀」選項中三選一，曲解了「維持現狀」的意義，企圖以此維持其政權的存續。

　　政治運動的成功，需要「理論」、「組織」及「活動」三者的配合。「台灣獨立建國運動」不但在「理論」上紛雜不明，在「組織」及「活動」上亦爭議不斷，導致台灣建國之運動的推展無法迅速壯大。

　　台灣建國運動有待吾人努力，但應因應國際情勢的發展。如今國際情勢的發展，固然對台灣前途有利，但如吾人不知把握，徒然自己做無謂的爭議，恐將損失良

機，或互相抵銷力量，延緩台灣建國工程的完成。只要吾人有正確的建國理論，整合海內外的建國組織，齊心協力共同推動建國工作，我們的目標必早日完成。

建國運動是世界潮流

第一章

1. 天下大勢分多合少

中國著名古典小說《三國演義》提到：「天下大勢，分久必合，合久必分。」許多中國人把這當做歷史真理，深信不疑，有帝國野心者則引用此句話，做為擴張領土的口實。

其實，歷史不是這樣，這句話不是歷史真理。

羅貫中寫《三國演義》時，所指的「天下」，只是亞洲大陸東南沿海地區（古稱「中原」），今「中國」的一部份。就這個「中國」而言，歷史上也並非如此分合。中國歷史上固然分分合合，但是分多合少，而且也沒有固定「地理疆域」，甚多還是外族入侵（五胡亂華，元清入主，猶如歐洲北蠻入侵羅馬帝國），如今全球化時代，國家演變趨勢，與中國古時地區的分合情勢更有不同。

2. 聯合國會員國年年增加

現代世界國家數目年年增加，天下只見其分，少見其合。

一九四五年，聯合國成立時，有五十一個會員國。至二〇〇六年，增爲一九二個會員國。觀察聯合國會員國家增長情形，就可看出「天下大勢，只分不合」的現象。

一九四六年，聯合國成立第二年，會員國增爲五十五個國家。

一九四七年，五十七個國家。

一九四八年，五十八個國家。

一九四九年，五十九個國家。

一九五〇年，六十個國家。

一九五五年，七十六個國家。

一九五八年，八十二個國家。

一九六〇年，九十九個國家。

一九六一年，一百〇四個國家。

一九六二年，一百一十個國家。

一九六三年，一百一十三個國家。

一九六四年，一百一十五個國家。

一九六五年，一百一十七個國家。

一九六六年，一百二十二個國家。

一九六七年，一百二十三個國家。

一九六八年，一百二十六個國家。

一九七〇年，一百二十七個國家。

一九七一年，一百三十二個國家。

一九七三年，一百三十五個國家。

一九七四年，一百三十八個國家。

一九七五年，一百四十四個國家。

一九七六年，一百四十七個國家。

一九七七年，一百四十九個國家。

一九七八年，一百五十一個國家。

一九七九年，一百五十二個國家。

一九八〇年，一百五十四個國家。

一九八一年，一百五十七個國家。

一九八三年，一百五十八個國家。

一九九〇年，一百五十九個國家。

一九九一年，一百六十六個國家。

一九九二年，一百七十九個國家。

一九九三年，一百八十個國家。

一九九四年，一百八十五個國家。

一九九九年，一百八十八個國家。

二〇〇〇年，一百八十九個國家。

二〇〇二年，一百九十一個國家。

二〇〇六年，一百九十二個國家。

3. 別立乾坤，台灣自成天地

台灣自古自成天地，不屬任何國家。十七世紀初，歐洲勢力東來，荷蘭及西班牙入台分據南北。所謂「中國」並未統治過台灣，僅元朝在順帝至元年間（一三三五年至一三四九年），曾在澎湖群島設巡檢司，駐兵巡防，但至明初即被裁廢。

荷蘭人於一六四○年攻打北部西班牙人，西班牙勢力退出。一六六一年，明朝人延平王鄭成功率兵入台，驅走荷蘭人，在台灣建立「延平王國」。

鄭成功入台之時，以「反清復明」爲號召，以安平爲王城，稱台灣爲「東都」，設承天府（治赤崁城），天興縣，萬年縣，澎湖安檢司，有在台灣「別立乾坤」之意。他公開宣示：

「承天府安平鎮，本藩（延平王）暫都於此。……東都明京，開國立家，可爲萬世不拔基業。」

鄭成功經營台灣時，台灣已有國家規模，文武制度非常完備。連橫的《台灣通史》將之列爲「建國記」，稱讚「東都」有「泱泱乎大國之風」。台灣人民尊稱鄭成功爲「開台聖王」，祭祀至今不衰。

▲鄭成功

　　鄭成功死後，其子鄭經嗣立。一六六四年，改「東都」爲「東寧國」。西洋人稱他爲「東寧國王」。鄭氏父子之「東都」、「東寧國」，爲台灣建國之始。

　　中國滿清政府併吞台灣後，台灣人組成「天地會」，進行「反清復明」運動。史有「三年一小反，五

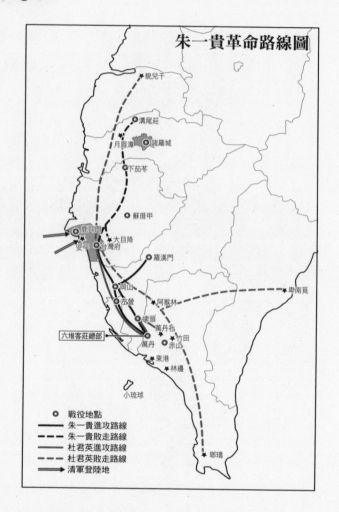

朱一貴革命路線圖

年一大亂」之語。

　　一七二一年，天地會人，南部羅漢門（今高雄縣內門鄉）之朱一貴，率眾進行反清革命，自號「中興王」，布告中外檄文說：

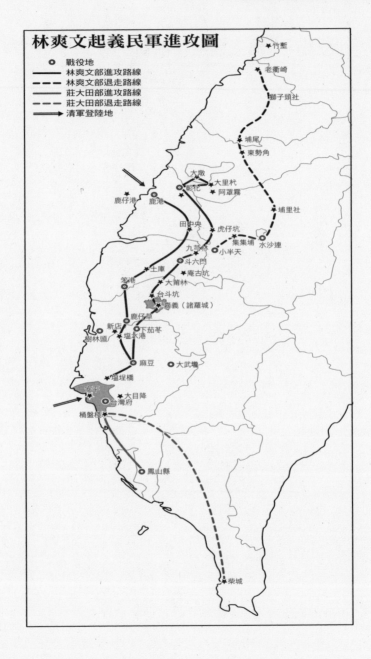

林爽文起義民軍進攻圖

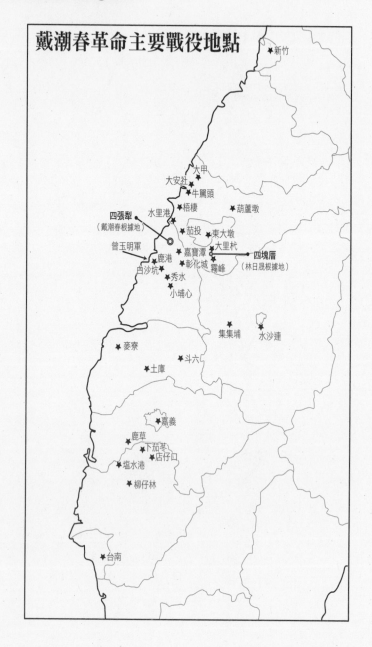

「夫台灣雖小，固延平郡王肇造之土地，截長補短，猶方千里。重以山河之固，風濤之險，物產之饒，甲兵之足，進則可以克敵，退則可以自存……救國之志，人有同心……」

一七八六年，彰化縣人林爽文（亦屬天地會人）起義革命，建號為「順天」，被推為「盟主」，稱「大元帥」之號。此時的天地會只有「反清」而不再「復明」，稱為「復興天地會」。其布告文僅有「誅殺貪官，以安百姓」之語。

一八六一年，彰化縣人戴潮春倡義革命，其組織亦屬天地會，或稱八卦會。戴潮春攻入彰化城後，仿林爽文例，僅稱「大元帥」。

滿清帝國佔台時間，台灣各項反亂革命，因時間緊促，未有宣佈建國之舉，但確有別立乾坤，另創天地之志。故或建年號，或立官職，或自稱「本藩」，或表明「開國」。甚至日據時代，二十世紀之初，一九一五年，抗日軍領袖余清芳領軍抗日時，猶稱：「大明慈悲國」。

4. 「台灣民主國」的影響

公元一八九四年，日清甲午戰爭後，大清帝國割讓台灣給日本國。台灣軍民不服，組成「台灣民主國」，以黃虎爲旗號，年號「永清」。雖然出於歷史無奈，名爲抗日，但已有自建國家的構想。事雖未能成功，後世仍以「終是亞洲民主魂，前賢成敗莫輕論」（林少英：「詠台灣獨立軍旗」詩句）頌讚。

「台灣民主國」成立之宣言稱：

「……全島士民，不勝悲憤。當此無天可籲，無主可依，台民公議，自立爲民主之國……」

「台灣民主國」事雖未成，但確是亞洲第一個主張不用帝制，不設皇帝的國家運動（此是巡撫衙內曾在大清帝國駐法國公使館服務的陳姓總兵帶回的觀念）。這觀念不但影響孫中山在中國革命後設立民國的主張，也成爲台灣人民獨立建國的歷史記憶。

一九四五年日本戰敗投降，中國南京政府派軍隊入佔台灣。有些人謀台灣獨立建國，但亦僅有謀而無多行動。在日本統治台灣期間，由於客觀環境所限，台灣人民僅推動「台灣議會設置運動」等自治主張，尚無多脫離日本自行建國的主張。

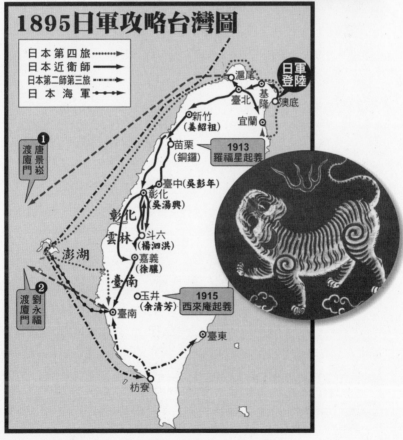

1895日軍攻略台灣圖

日 本 第 四 旅 ·······►
日 本 近 衛 師 ────►
日本第二師第三旅 ═══►
日 本 海 軍 ─·─·─►

① 渡廈門 唐景崧

② 渡廈門 劉永福

日軍登陸

滬尾
基隆
澳底
臺北
宜蘭
新竹（姜紹祖）
苗栗（銅鑼）
1913 羅福星起義
臺中（吳彭年）
彰化（吳湯興）
彰化
雲林
斗六（楊泗洪）
嘉義（徐驤）
臺南
玉井（余清芳）
1915 西來庵起義
澎湖
臺南
臺東
枋寮

5. 一中一台的事實

　　國家的組成，或謂由武力造成。所謂武力，當非專指建國運動者實行之武力，實指戰爭後世界局勢的發展。第二次世界大戰結束後，中國大陸赤化，一九五〇年蔣介石在台灣設立「中央政府」，自承「中華民國」已經滅亡，推行「復國」運動，然仍沿用「中華民國」國號，統治台灣。

　　公元一九五一年「舊金山對日和平條約」簽字，日本放棄台灣澎湖主權，台灣海峽兩岸形成一邊一國的局面。

▼1951年9月8日「舊金山對日和平條約」簽署地：戰爭紀念歌劇院

▲彭明敏

在這種國際形勢之下，台灣人民再次推行「建國運動」。一九五五年九月，在日本的廖文毅等人組成「台灣臨時國民會議」，次年二月，成立「台灣共和國」臨時政府，由廖文毅擔任大統領，發表台灣獨立宣言。廖文毅認為「台灣共和國」是繼承「鄭氏王朝」、「台灣民主國」之後，台灣民族的第三次建國運動。

「台灣共和國」的主張出現以後，不斷影響未來台灣獨立運動。

蔣介石在台灣設立「中華民國政府」統治，實際只統治台澎金馬，與前南京的「中華民國」毫無關係。不管使用什麼名稱，台灣仍然是「中國」以外的另一個國家。一九六四年，台灣的彭明敏教授等人發表「台灣人自救運動宣言」公開主張：

▲國民政府軍隊奉命入台受降

「一個中國、一個台灣，早已是鐵一般的事實。」

又說：

「美國輿論主張，尤其知識份子，都要求在法律上承認一個中國，一個台灣，以謀中國問題的最後解決。」

6. 台灣應正名建國

「台灣獨立建國運動」，最初由主張脫離「中華民國」統治自行建國，進而主張台灣已是一個國家，應另正名爲「台灣共和國」，展示與「中華人民共和國」互不相屬的事實。

近年來領導海內外獨立建國運動的「台灣獨立聯盟」（WUFI），於一九七〇年成立，由一九六〇年發行《台灣青年》的日本「台灣青年獨立聯盟」，結合「加拿大台灣人權委員會」（一九六四年成立），美國「全美台灣獨立聯盟」（一九六六年成立），「歐洲台灣獨立聯盟」（一九六七年成立）與台灣島內「台灣自由聯盟」，成立了世界性台灣獨立聯盟。一九七六年在巴西設南美支部。此後全世界只要有台灣人的角落，就有人在傳播獨立建國的信念。

在這以前，台灣國內各方面人士亦已看出台灣繼續使用「中華民國」名稱，宣稱代表「全中國」的主張，具有危險性。原任駐美大使，時任行政院政務委員的葉公超即曾向當時美國駐台北大使馬康衛（Walter McConaughy）表示，他認爲：

「中華民國政府應發表一份聲明，主張他有權繼續

存在於中華人民共和
國的管轄權之外。」

　　馬康衛大使向美
國國務院的報告中指
出，葉公超的立場
「顯然要使台灣未來
永遠繼續處於分別獨
立的狀態」。

　　一九七一年，聯合國大會決議驅逐台北「中華民國
政府」代表團，否定台北「中華民國政府」有代表中國
之權力。此時擔任台北外交部次長的楊西崑向蔣介石總
統建議，在不久將來向世界發表宣言，正式表示台灣的
政府完全與大陸分離（separate and apart），從此以
後台灣的政府與中國大陸沒有關係。根據馬康衛大使的
報告，楊西崑次長說：

　　「宣言中應給此地（台北）的政府一項新的名
稱，即是中華台灣共和國（The Chinese Republic of
Taiwan）。」

一九七三年，因《自由中國》雜誌事件入獄的雷震，坐牢十年出獄不久，曾寫信給蔣介石，建議台灣換用「中華台灣民主國」新國名，以示與北京政權有別。

「台灣基督教長老教會」在一九七七年的人權宣言中，主張「使台灣成為一個新而獨立的國家」。

一九七九年底，美國宣佈與台北終止外交關係，台灣國際地位風雨飄搖，朝野為避免中國侵台，紛紛提出各種不同方案。使台灣成為一個獨立國家，與「中華人民共和國」沒有隸屬關係，是大家共同的主張。不管是主張「兩個中國」或主張「一中一台」，都有使台北與北京互不相屬，分別立國的意思。

領導海內外獨立運動的「台灣獨立聯盟」，亦因應時勢改名為「台灣獨立建國聯盟」，加入「建國」兩

字，表明其宗旨在「建立自由、民主、平等、福祉、公
義之台灣共和國」。

　　從此台灣「建國」的信念更為廣泛傳播。台灣內部
民主運動人士亦逐漸從主張「人民民權」的民主運動，
進入主張「國家主權」的建國運動方向。

國家分合的歷史觀

立民主聖火 國會

第二章

1. 一統國家無前途

世界人類的進步，在於個人及地區意願能夠受到的尊重。全球世界化以後，各地區人民往來交流，互相之間的文化、權利更受到尊重。帝國主義的大一統觀念，在世界進入二十一世紀的今天，已經無法存在。因此，雖然世界各國的關係越來越密切，但只見平等式的自願結合（如聯合國或歐洲聯盟），不再見掠奪式的帝國擴張。一個國家的存在，如果不是建立在每個地區人民心甘情願的結合，而必須依賴軍隊及特務控制，來維持政權的存在，國家遲早必見分裂解體。

由歷史經驗以觀，國家之分多於合。由合而分，為正常現象，由分而合，近代罕見。縱使勉強合併，亦好夢難久。

英國歷史學家湯恩培（Arnold Toynbee）在上一世紀寫《歷史的研究》一書時，即已提出「一統國家有前途嗎？」的質疑，他說：

「不管歷史上的一統帝國中的人民會有怎樣的主觀情感，這些帝國（指如俄羅斯帝國、中華帝國、羅馬帝國和東羅馬帝國）並不曾實際有過大一統。第五世紀時，羅馬帝國的西部疆土永難挽回地崩解掉了；這是此

▲湯恩培

種政體所遭遇到的最大挫敗之一。從此以後，西方基督教國家便不曾有過政治上的再統一了。

　「過去五百年間，世界上的西化現象，乃是許多分裂敵對的西方國家所造成的。她們彼此之間的戰爭，乃是西方勢力擴張的主要驅力之一，而政治上的傾軋，則是西化的過程中所加諸於世界政治景象的顯著特色之一。」

他又說：

　「羅馬帝國崩潰之後，西方基督教國家的政治分裂，現在已經成為世界性的政治分配了，而在我們這個時代裡，地區性的主權國家正達到全盛時期……舊的一統國家和人類的前途有任何關係嗎？難道我們不可以把一統國家當做歷史的一種作廢的古董，而一筆加以勾消

嗎？……」

　　湯恩培雖不能有把握的肯定他的這種看法，但他相信：

　　「未來的世界國家很可能肇始於一種自願的政治聯合。在這種聯合中，許多現有文明的文化因素將繼續保持自己的特色。」

2. 一統國家是消極的組織

人類世界需要和平與秩序，各國和平共存本是世界人類共同的期望。在文明崩潰，世界紛亂，戰爭不斷之時，人類期望出現一個強有力的政府，以維持秩序，維護和平，但當這個政府橫暴專政時，反抗的力量就出現了。這也許是羅貫中所提「分久必合，合久必分」所指的現象。湯恩培也指出「基本上一統國家是個消極的組織」。他說其原因是：

「第一，她們興起於文明崩潰之後，而非之前，後來才帶給此一崩潰的文明以政治上的統一。……
「第二，她們是當權少數的產物。」

因此，他說：

「一統國家顯然是社會沒落過程中的副產品，而由這種出生證明來看，她們無疑是沒有創造力與短暫的。」

3. 一統國家的瓦解

　　大一統帝國的沒落，雖是東西方世界共同的現象，但自工業革命以來，歐洲國家卻發生對外擴充領土，殖民亞非的現象。不過這種情形只是工業強國侵占文化落伍地區的現象，並非發展國家互相的結合。這種現象不能持久。第二次世界大戰結束後，殖民地紛紛脫離殖民帝國獨立。這是戰後聯合國會員國年年增多的原因。

　　武力併吞造成大一統帝國，殖民地征服製造日不落國的殖民大國，但大一統帝國終會解體，殖民地終會脫離。一個帝國政府欲有效維持廣大的疆域秩序與安全，必須付出甚大的代價。中央政府的集權與壓迫，終使各地區與中央政府產生疏離與敵對，最後造成帝國的解體。

　　公元三九五年，領土橫跨歐亞，勢力廣及地中海東西的羅馬帝國分裂為東西兩部份。一二〇六年成吉思汗建立橫跨歐亞大陸的蒙古帝國，也在一四〇五年瓦解。

　　公元一四九二年哥倫布發現美洲新大陸，爭奪新領土時代開始。歐洲西班牙葡萄牙荷蘭多國紛紛擴張勢力到海外各地。西葡兩國在南美洲爭奪殖民地，一四九三年教皇亞歷山大第六只好為兩國訂立勢力範圍界線。西班牙陸續佔領祕魯、古巴、馬尼拉；葡萄牙征服巴西等

地。荷蘭則征服印尼，入侵台灣。

　　十八世紀以後，殖民地紛紛發生獨立戰爭。北美十三州於一七七六年宣布脫離英國。十九世紀開始，南美洲國家紛紛獨立，智利、烏拉圭、委內瑞拉、厄瓜多爾、哥倫比亞脫離西班牙。不過自一八八〇年開始，列強轉而開始瓜分非洲。

　　另一方面，中國漢朝末年，經魏晉南北朝長期的紛亂及分裂，雖經隋唐統一，但六一八年建立的大唐帝國，至九〇七年又陷入殘唐五代十國的分裂。宋朝於九六〇年建立，領土大爲縮減，邊疆分立，外族入侵，被迫南遷避難，史稱南宋，後爲元帝國所滅。一三六八年明朝成立，疆域侷限中原一帶。至清朝開始始擴張領土。

　　大清帝國康熙至乾隆期間，勢力大爲擴充。一六八三年，併吞台灣，一七二〇年征服西藏，一七五九年入侵新疆。然而乾隆期間，因派兵入台灣鎮壓林爽文叛亂事件，國力大損，從此中衰，內亂不止，外患頻繁。一八九四年日清甲午戰後，割讓台灣。一九一二年，「中華民國」成立，外蒙古宣布獨立（至一九四六年始得到南京政府承認）。

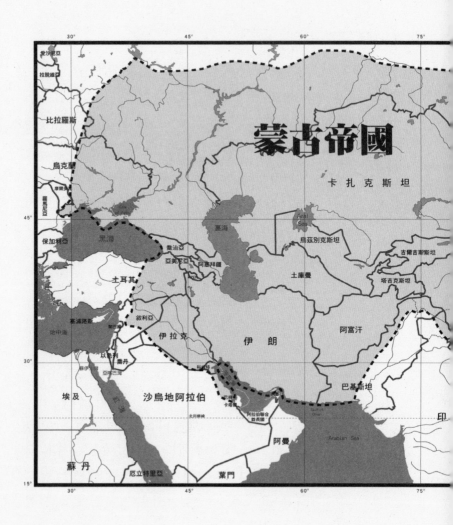

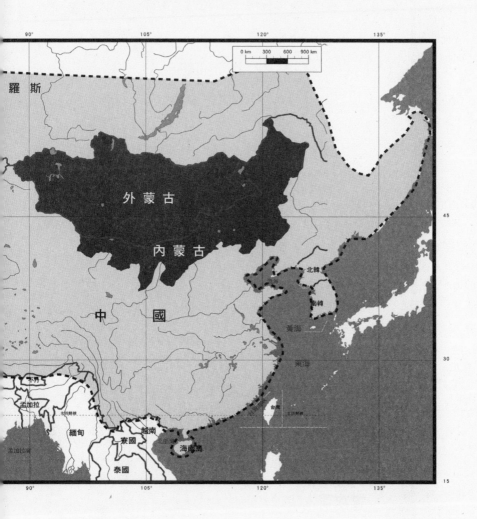

大清帝國領土

75°　　　　90°

外蒙
喀爾

1758-1759年
打敗厄魯特蒙古

45°　　　伊犁
　　　　1765年　　准噶爾

30°

15°　　　　75°　　　　90°

■ 清朝領土
■ 清朝占領土地1644年前
□ 清朝占領土地1644年後
★ 起義地點
→ 進攻蒙古路線

　　公元一八九八年西班牙與美國發生「美西戰爭」，西屬海外土地盡失。古巴於一九〇二年獨立。夏威夷、關島、菲律賓、波多黎各歸美所有（菲律賓於一九四六年獨立）。

　　第一次世界大戰以後，世界政治疆域地圖幾經變更。第二次世界大戰以後，多數當年的殖民地紛紛脫離殖民帝國獨立：南非、波蘭、保加利亞、埃及、加拿大、印尼、印度、馬來西亞、新加坡、越南、愛爾蘭、南北韓前後建國或復國。至於非洲各地自一九五六年起亦紛紛獨立，並加入聯合國。

4. 各國自由組合，世界和平

　　世界國家數目的增加，國家疆域的減小，並不表示各國互相區隔不往來，或互相抵制、對抗。相反的，各國之間，透過各種區域結合與其他自由組合，反而使世界更加和平，關係更加密切。

台灣建國理論的發展

第三章

1. 國家正常化

　　台灣是主權獨立的國家，具備一般國際法所要求的「國家成立要件」。但是，由於台灣所經歷的歷史演變，所面臨的世界局勢，及國內所使用的國名、國歌、國旗、國憲，以及國民教育、國家意識等等，欠缺一個正常國家所應具備的「其他要件」。加上台灣的「中國國民黨」及中國的「中國共產黨」兩黨故意歪曲歷史及法律事實，台灣內部部份學者又或因研究不明，或因認識不清等等因素，以致關於台灣的地位問題，有許多混亂的理論與說法，使台灣建國運動遭受許多困難。

　　台灣雖然缺乏正常一般國家所應具備的許多要件，但終究是一個主權獨立的國家。一個主權獨立的國家縱然具備國家成立要件，如缺乏一個正常國家所應有的其他內在外在要件，便是「不正常國家」。台灣是一個「不正常的國家」。「台灣獨立建國運動」發展至今，各界已有共識今後建國的方向是推動台灣「國家正常化」。

　　政治運動（包括建國運動），必須具備「理論」、「組織」及「行動」三部份。其中「理論」是一切運動的先發因素。「台灣獨立建國運動」亦應有成熟的「理論」，然後才能有健全的「組織」，才能推動有效的「行動」，達到建國的目標。

2. 建國理論不斷調整

「台灣獨立建國運動」的理論發展甚早，但在每個時間，因應國內外社會條件與客觀因素，會發展出各種不同的訴求與表達不同的理論。

在廖文毅推動「台灣共和國臨時政府」運動，以及王育德、黃昭堂等人推動的「台灣獨立運動」以前，台灣內部社會爲爭取國內自決自治的政治權利，曾提出各種不同的主張。有時因發現其訴求主張與基本理論有不適當的地方，也不斷在調整。

公元一八九六年，統治台灣的日本國政府，在台灣實施「總督制」，頒布「六三法案」，將應實施於台灣的各項法令，授權台灣總督制定，不在台灣實施日本國的法令。其基本理論基礎在於認爲台灣社會民情，有其特殊性，與日本國不同，不宜將實施於日本國的法令，直接實行於台灣。

當時在日本國東京的台灣青年，因反對台灣總督的專制權，發起「六三法案撤廢運動」。後來因爲發現運動的理論有問題，有人認爲不必去否認台灣與日本民情不同的特殊性，乃決定改採「台灣議會設置運動」，宣揚台灣自治的主張。

明治大學畢業的台灣青年林呈祿，最先發現這個問

▲台灣議會請願團於東京車站。

題，先在《台灣青年》（一九二〇年十二月十五日）發表了「六三法問題的歸著點」，提出他的看法：

　　「……在理論上，毋寧是更尊重實際的特別統治，殊有設置容許台灣居民參與的特別立法之制度。……由實際上考慮，（廢棄六三法案）遠不及更進一層設置台灣特別代議機關，使之發揮特別立法權能，較有意義。」

　　公元一九二七年，在台灣的蔣渭水創立「台灣民眾

▲台灣議會請願團於台北出發。

　　黨」。在這之前，台灣有成立「台灣自治會」、「台灣同盟會」、「台政革社會」都因被日本政府認爲有「民族主義團體性質」，或主張「台灣人全體之政治的、經濟的、社會的解放」，或主張「自治主義」等理由被禁止。

　　「台灣民眾黨」成立時，提出「確立民本政治」的黨綱：「期實現立憲政治」的主張，並提出三點要求：

　　一、要求制定台灣憲法。
　　二、反對把握三權的總督制政治。

　三.根據憲法，使立法、司法、行政三權完全分立，而台灣人應有立法權的協贊權。

　蔣渭水認爲「台灣民眾黨」的綱領爲「台灣人唯一活路」，黨員之中也有認爲「台灣民眾黨」「絕不能夠以普通政黨自居」，而是「其有特殊任務的政黨」。蔣渭水並公開表示：「台灣民眾黨」是「台灣人解放運動的總機關」。

　早先成立的「台灣文化協會」（一九二一年）僅是「以謀提高台灣文化」爲宗旨，至此「台灣民眾黨」已成爲政治運動團體，因有制定「台灣憲法」的主張。

3. 「舊金山對日和約」以後

公元一九三一年「九一八」滿洲（中國東北）事變以後，日本加強壓制台灣的政治活動，迄戰爭結束，未有重大的政治主張出現。

戰後，中國南京的「中國國民黨」政府入台統治，發生「二二八事件」。不久，「中國國民黨」喪失對中國大陸的統治。一九五一年，「舊金山對日和平條約」簽字後，台灣人民重新開始發展「獨立建國」的主張。甚至在朝人士、外省人士亦有在台灣另行建國的想法。

在台灣另行建國的主張，有屬於「二個中國」者，主張另設一個「中國」（「自由中國」）；有屬於「一中一台」，主張台灣新國是新的國家，與「中國」沒有牽連。

▼舊金山對日和平會議議場：St. Francis Hotel

4. 「台灣地位未定論」的錯誤

主張台灣另設國家者，對「台灣現有地位」有不同看法。因對台灣地位有不同的看法，關於台灣與台北「中華民國政府」，及與北京「中華人民共和國政府」的關係，便受影響而有不同的看法與主張。

公元一九六四年彭明敏等人發表的「台灣人自救運動宣言」，主張「一個中國、一個台灣，早已是鐵一般的事實」。然而海內外仍有所謂「台灣地位未定論」存在。

所謂「台灣地位未定論」，指日本於一九五一年「舊金山對日和平條約」僅放棄對台灣主權，因未指明將台灣讓與某一國家，所以地位未定。獨派人士用此理論，主張日本未將台灣交予中國（不管是「中華民國」或「中華人民共和國」），統派人士則用此主張台灣主權並未獨立，沒有建國的資格。

「台灣地位未定」的這個理論，如果指台灣主權並未交給中國，是對的，但如果也指台灣人民並未取得主權則是錯誤的。「台灣地位未定論」的前提，是基於「台灣」必然將屬於某一國家的假設。所以統派人士主張台灣於一八九五年以前既歸屬大清帝國，如今不歸屬大日本帝國，今後仍必須歸屬中國或某一國家，不能即

歸屬台灣本身。

　　主張台灣獨立的人士，引用這個理論來反對「中國」擁有台灣的主張，但有的卻因而無法支持「台灣主權獨立」，「台灣是一個國家」，「台灣可以制憲建國」的主張。可見引用錯誤的理論，對推動「台灣獨立建國運動」有時是會引起困擾的。

　　我在《舊金山和約—台灣的釋放令》小冊中，紀錄我在美國舊金山從事研究時的一段往事（我的歷史小說《台灣七色記》中《青山路》也引入這段記事）。

　　當時一九七一年聯合國正在討論「中國代表權」議

案時，一位黑人律師問我爲什麼有人說「台灣地位未定」？我當時解釋說：「因爲當年的『舊金山對日和平條約』中，關於台灣未來的主權歸屬，並未如開羅宣言一樣，規定歸還『中華民國』，僅僅規定日本放棄台灣主權。因爲這樣，就有人說台灣不知屬於哪一個國家……」

黑人律師訝異的問：

「因爲這樣，所以說台灣地位未定？」

「是的。」

「這真是荒謬極了！哪有這種理論！」那黑人律師

哼聲翻唇的說：「如果這話正確，那麼我某某某這個人的法律地位也是未定的囉！」

「你在胡說什麼？」另一個白人律師瞪著眼問。

「有什麼不對嗎？」那黑人律師笑著說，「我曾祖父一百年前是黑奴，得到白人主人釋放時，主人給我曾祖父的釋放令（自由令狀）也只是說白人某某某放棄對其黑奴某某某的主權，他沒有寫說我曾祖父以後應該爲何人所有！如果我曾祖父因此而身份未明，地位未定，那麼我……」

「胡扯，開玩笑——」白人律師轉問我，「——我對這問題有些感到興趣。你是講台灣的政府主張台灣的地位未定？」

「不！不！」我猛搖頭否認說，「我們政府不那樣講。」

「如果主張台灣地位未定，」白人律師說，「那麼就無法主張台灣和北京明確的是不屬於同一政治實體——猶如不同的公司一樣。在目前的這種國際情勢之下，主張分別不同的公司體，不同的政治實體，才能同時在聯合國做會員。『地位未定』？當然不！台灣政府當然不可主張地位未定。我相信台灣政府有權利可以出

現在聯合國，做一個完全的會員。像你我一樣，是個完全的人格，您們的地位完全確定！」

　　異國的律師都知道台灣主權獨立，並非「地位未定」，有些台灣人民竟然自己有那種想法，真是不可思議。

　　美國黑人因為主人的「自由令狀」而釋放，成為自由人，台灣也因日本的簽寫和約，而得到法律上的釋放。「舊金山對日和平條約」可認為是台灣的「自由令狀」。

5. 「中華民國」僅指台澎金馬

在一九七一年以前，台北「中華民國」政府在聯合國佔有「中國代表」席位。世界多數國家尚承認台北「中華民國」政府為「中國政府」。因此，獨派人士才提出「台灣地位未定論」來對抗「中國國民黨」政府的主張，不承認台灣已「歸還」中華民國。一九七一年以後，這種主張慢慢消退。接著，有主張「中華民國」政府是流亡政府，台灣要脫離「中華民國」政府分離獨立。這也是「台灣獨立建國運動」的另一錯誤的主張。

公元一九五二年，東京的「大日本國」政府與台北的「中華民國」政府簽訂「台北台日和約」（日本稱為「日華和約」，「中國國民黨」政府稱為「中日和約」），雖使用「中華民國」國名，但條約上明白界定這個「中華民國」僅指「台澎金馬」，與前「中國」南京時代的「中華民國」不同。「台北和約」第十條規定：

「就本約而言，中華民國國民應認為，包括依據中華民國在台灣及澎湖所已施行，或將來可能施行之法律規章，而且有中國國籍之一切台灣及澎湖居民，及前屬台灣及澎湖及其後裔；中華民國法人應認為包括依據中

華民國在台灣及澎湖已實施，或將來可能實施之法律規章所登記之一切法人。」

在台灣政府及日本政府雙方交換的「照會」中，更進一步表明：

「本約條款關於『中華民國』之一方，應適用於現在『中華民國』政府控制下，或將來在其控制下全部領土。」

從這些條約文字安排看來，台灣雖然使用「中華民國」名稱，但已是另一個國家，與以前的南京「中華民國」一點關係也沒有。

6. 「開羅宣言」不是條約

　　主張台灣應從「中華民國」（或「中華民國」政府）脫離獨立的人，誤認台灣主權屬「中華民國」所有，或台灣被一個外來的國家「中華民國」所控制。這種主張使台北的「中國國民黨」政府及北京的「中國共產黨」政府「台灣屬於中國」的主張，更是振振有詞。

　　主張台灣屬於中國（不論是「中華民國」，或「中華人民共和國」）的人，喜歡引用一九四二年美、英、中三國領袖所共同發表的「開羅宣言」中所謂：「戰後台灣應將歸還中華民國」爲依據。不論所謂「開羅宣言」有沒有存在，或只是戰時的宣傳文件，所謂「宣言」，當然無「條約」效力，何況主權國「大日本帝國」沒有參與其事，根本沒有「移轉主權」的效果。「開羅宣言」是戰時的宣傳文件，只是美、英、中三國領袖的一種主張，一種要求，只是表現一種決心，一種目標，根本不具任何法律效力。已經有許多人研究這「宣言」的可靠性。「台灣國臨時政府」召集人沈建德博士一再調查研究，提出「開羅宣言」沒有簽字的事實。其實不論有沒有簽字，也都不生「條約」的效力，不生任何移轉主權的意義。所以不論「開羅宣言」，及其後的「波茲坦宣言」，都無法使「中華民國」或主張

▲開羅會議三巨頭

繼承「中華民國」的「中華人民共和國」政府取得台灣的主權。

7. 台灣主權屬於台灣人民

　　反對台灣主權屬於台灣人民的學者，常常提起「主權屬於國家，不屬於人民」，說既然台灣不是國家，就沒有主權可言。這種說法也是錯誤的。

　　民主時代「主權」固然不屬於某個人，但必須屬於「國民全體」，各國憲法，採用共和制度者，常在憲法上標明國家主權屬於「國民全體」，因為是屬於共同「國民全體」，不屬其他國家，所以可以成為構成「國家」的條件。

　　有明確疆域「土地」，有明確「人民」，有有效統治的「政府」，「主權」不屬於任何其他國家，台灣當然是一個國家。

8. 「統獨公投」有誤解

因為有「台灣地位未定論」的混淆思想，導引推動「台灣獨立建國運動」，常常走入歧途。

公元一九八六年「民主進步黨」成立，海外獨立建國運動人士主張台灣應該「公民投票」而獨立建國。為反對「中國國民黨」主張「台灣屬於中華民國」的說法，他們主張採用中國外蒙古公投獨立的經驗，在台灣舉辦「脫離中華民國獨立」的公民投票。

這個主張為主張「台灣主權獨立」的「民主進步黨」所拒絕。另有主張在台灣進行「統一或獨立」統獨公投，要人民決定「要統或要獨」，從「統一」「獨立」的兩個選項中，二選一，「民主進步黨」也未接受。

「統獨公投」之二選一說法，是基於「台灣地位未定論」的主張而來。對此，「民主進步黨」並未明白排除，我則一向強調強力反對。有些「中國國民黨」的黨員則順勢主張「三選一」公投，由台灣人民從「統一」、「獨立」及「維持現狀」三者選擇一。他們主張「維持現狀」是「維持中華民國憲法體制」的現狀，甚至維持台灣由「中國國民黨」執政的現狀。

面對這些紛亂的主張，或惡意的誤導，「台灣獨立

建國運動」人士一步一步，一點一點進行擊破及疏導，以達到建立正確的獨立建國的理論。

9. 台灣主權獨立

「台灣獨立建國運動」一向依據客觀條件，在某階段提出各階段的主張。「民主進步黨」成立之時，並未明確主張「台灣獨立」，僅在黨綱裁示「台灣前途由台灣人民決定」。

公元一九八七年「台灣政治受難者聯誼總會」成立，蔡有全及許曹德二人因該會章程有「台灣應該獨立」條文，成立宣言中有「達到建立一個新而獨立的國家」等情，被當局構造「叛亂罪」起訴判刑。「民主進步黨」黨員乃在全國代表大會中，提出黨綱中加入「人民有主張台灣獨立的自由」的議案。

當時因政治氣氛及社會條件的考慮，「民主進步黨」未在公開文件中清楚表明主張台灣獨立的立場，最重要的原因是當時台灣獨立建國的主張仍有理論上的爭議。

台灣獨立建國議題，有兩層問題必須先討論清楚：

第一、台灣現狀是否獨立，不屬於任何一國，或是某一國家的一部份。

第二、台灣未來前途方向如何。如果台灣是某一國家的一部份，則應討論是否要脫離該國分離獨立；如果

台灣不屬任何一國，則應討論是否要維持獨立現狀，或改變現狀與他國合併。

公元一九八七年九月，我擔任「民主進步黨」主席，與前任主席江鵬堅討論，我們認為若沒澄清第一層問題，就無法進行第二層問題的討論。第一層問題，是哲學上的所謂「是然（It is）」的問題，是解釋及認知「現狀」的層次。以台灣而言，即解釋及認知台灣現狀究竟如何，是否是一個獨

▲1991馬尼拉獨派領袖懇說會

立國家。第二層問題，是哲學上所謂「應然（It ought to be）」的問題，是台灣前途應該如何，是要維持獨立，或與他國合併。

「民主進步黨」決定要先處理第一層問題，以後才處理第二層問題。

公元一九八八年四月，「民主進步黨」通過「台灣主權獨立案」，確定台灣不屬於他國。一九九〇年十月，通過「台灣領土範圍案」，確定台灣除了台澎金馬以外，並不擁有中國大陸及外蒙古領土。

公元一九九一年三月，台灣海內外獨派領袖在菲律賓馬尼拉市召開「世界獨派領袖懇說會」，確定「制憲建國」目標與策略。一九九二年八月，「民主進步黨」召開「人民制憲會議」，通過「台灣憲法草案」，又根據「台灣憲法草案」的精神，修改黨綱，公開主張「建立主權獨立的台灣共和國」。以後又因應時代及環境的需要，由全國代表大會前後通過「台灣前途決議文」，主張「建立一個正常而偉大的民主國家」。

從此以後，「台灣國家正常化」成為普遍被接受的台灣獨立建國的理論基礎。

10. 獨立建國運動組織

「台灣獨立建國運動」除了在理論上不斷發展成熟以外，在組織上也不斷發展。最先在海外發展各種不同的組織，解除戒嚴以後，台灣內部也陸陸續續發展不同的組織。

這些組織，有的直接推動及宣揚「台灣獨立建國」觀念及工作，有的間接支持。

這些組織之多，連中國方面也感到驚訝。據中國北京「九州出版社」出版的《「台獨」組織與人物》一書中也承認：

「現在意義的『台獨』運動自其發揚、形成，演變至今，已有半個多世紀的歷史，期間曾出現過的大大小小的『台獨』組織，恐有數百之多。」

又說：

「台獨組織是『台獨』的載體，它對『台獨』運動起領導、組織、發動、推動的作用。一部『台獨』運動的歷史，就是『台獨』組織的發展演變史。……有的有領導有綱領有計畫的活動，至今仍在運作。有的最早

屬聯誼性質，後來隨著形勢的發展而走向『台獨』，也有的則以追求政治『民主化』、『本土化』來自我標榜。」

　　這本書附錄所列海內外團體超過一百五十個。海外除了海外各地同鄉會及各分會外，包括下列各重要團體及其分會：

1. 世界台灣獨立建國聯盟，及各分部。
2. 台灣人公共事務會，及各地分會。
3. 世界台灣人大會。
4. 世界客家聯合會，及各地客家會。
5. 北美洲台灣人醫師協會總會，及各分會。
6. 北美洲台灣工程師協會。
7. 北美洲台灣人教授協會，及各地協會。
8. 北美洲台商總會。
9. 北美洲台灣旅館公會聯合總會。
10. 北美洲台灣學生會。
11. 北美洲台灣婦女會，及各分會。
12. 北美洲台灣客家公共事務協會。

13. 世界台灣母語聯盟。

14. 美國大洛杉磯台文學校。

15. 美國休斯頓波斯頓新奧爾良各地台語進步社。

16. 美國紐約州水牛城教會羅馬字促進會。

17. 美華協會紐約分會。

18. 聖地亞哥台灣中心。

19. 加拿大渥太華台語學校。

20. 多倫多台灣語文中心。

21. 紐西蘭台灣僑民協會。

22. 南美台灣人權會總會。

23. 全美台灣人權協會。

24. 北美台灣人協會籌備委員會。

25. 在日台灣同鄉會。

26. 在日台灣婦女會。

27. 北關東台灣人醫生聯誼會。

28. 日本台灣醫師聯會。

29. 東京台灣教會。

30. 日本台醫人協會。

31. 台灣台生報。

32. 日本台灣人同心會。

33. 台灣國際關係中心。

34. 美國王康陸博士紀念基金會。

35. 台灣公論報。

36. 太平洋時報。

37. 台灣加入聯合國促進會。

38. ……

這些列舉的組織團體，至今有些改組變動，也有新組織出現，該書當然未能全部列出。至於台灣國內的組織團體之多，也顯示台灣「獨立建國」運動蓬勃發展的情形。

台灣建國方略

第四章

1. 「漢賊不兩立」錯失聯合國席位

　　台灣成為一個「國家」，與世界上其他獨立國家有許多不同的發展路程。台灣建國所面臨的問題，亦與其他國家所面臨的有許多不同。因此台灣建國要採用不同的建國方略。

　　「國家」的成立，雖多謂由武力造成，但並不表示是全由建國運動者藉由武力打破障礙達成目的。通常是因戰爭結果改變情勢，創造一國的建國條件。武力（或戰爭）形成一個國家建國的條件，但是仍要其國民有建國決心，推動建國運動，且運用適當策略才能達成目標。

　　台灣的建國是由歷史形勢的演化進展及國人的努力而成。「台灣獨立建國運動」在每個時期要因應不同的客觀環境，或面臨不同的爭議議題，採用不同的主張與行動。

　　公元一九七九年以前，台灣社會追求「自由與民主」，多不直接觸及「建國」議題，至「美麗島運動」時，台灣「建國」議題才慢慢浮現。

　　在日本國政府統治台灣的時期，台灣社會多以爭取「自治」為訴求，但如前所述蔣渭水在組織「台灣民眾黨」時，已有「台灣憲法」的主張出現。一九二三年二

月，參加「台灣議會設置請願運動」的陳逢源，曾以世界潮流的理論，提出「自治」的主張。他說：

「歐洲的歷史進程，是中央集權隨著封建制度解體而形成。之後又從中央集權演變為地方分權。從明治維新算起，時勢推動到今日，日本應該採取的國策，應該是給予台灣、朝鮮自治權，才合乎世界大勢。」（《亦儒亦商亦風流》一書第一一五頁。時在一九二三年三月。）

爭取自治（全台灣自治），是「台灣議會設置運動」的基本主張。自此至太平洋戰爭結束，「中國國民黨」政府入台統治，幾乎都是維持同樣主張。

公元一九四九年，蔣介石喪失中國政權，流亡來台後，一中一台情勢形成。雖然「中國國民黨」政府引用「開羅宣言」來主張主權，並因在聯合國佔有中國席位，而主張台灣屬於中國，都只是一種虛幻的謊言而已。所以當一九五一年「舊金山和約」簽訂後，海外開始發展「台灣獨立建國」運動。又當「中國國民黨」政府喪失聯合國的席位及美國外交的承認後，政治形勢更大為改變。「台灣獨立建國運動」的建國主張，亦很快

的在台灣發展。台灣社會從「地方自治」迅速的提升至「中央自治」的建國觀念。

公元一九七一年，在聯合國討論「中國代表權」問題時，美國為保障台北台灣政府在聯合國參與的權利，曾提出「雙重代表制」的構想，允許北京「中華人民共和國」政府進入安全理事會，代表中國，而台北政府繼續留在聯合國大會中擔任普通會員。這個構想為蔣介石夫婦以「漢賊不兩立」的理由，堅持「寧為玉碎，不為瓦全」而不肯接受，台灣喪失成為聯合國會員國的機會。這是蔣家夫妻對台灣造成的最大傷害。

二十年後，我在擔任立法委員期間，曾請教曾經擔任外交部長，時任國安會秘書長的丁懋時的看法，他認為當時不應該拒絕美國的提案。他說：

「當年我只是一個小小外交官——如果當年我有今日的地位與身份，我拚死都要爭取台灣留在聯合國。」

喪失聯合國席位及美國的外交承認，雖然使台灣陷入某種危險，但是卻帶來台灣另一種機會。

從此，「中國國民黨」的台北「中華民國」政府，

再難宣稱它是「中國的政府」，再難將「台灣」視爲「僅是中國的一省，僅是中國一小部份的領土與人民」。政治現實使台灣朝野必須進行「革新保台」，台灣人越來越多人接受「台灣成爲一個國家」的觀念。

但是，在戒嚴令及「台灣警備總部」的軍事統治之下，台灣國內能公開提出「台灣獨立建國」時機，仍然沒有成熟。雖然海外台灣人早已熱烈在推動獨立運動，國內仍然只能就「民主」做爲訴求。「美麗島運動」時期，主導運動的領袖們，經過研究後提出了挑戰「中國國民黨」政府地位的三大主張：

1.解除戒嚴令
2.國會全面改選
3.修改憲法

公元一九七八年期間，參加「美麗島運動」的某些人士，拒絕使用「我國」兩個字來指稱「台灣」。他們不能接受「台灣不是中國一部份」，及「台灣是一個獨立的國家」的立場。他們在推動「政治改革」時，可以與我們合作，在推動「獨立建國」時，則拒絕共同行

動。此時，我們主張「台灣獨立建國」的人士，不願仍
停留在「政治改革」的層次，乃決定研究在戒嚴令下宣
揚「台灣是一個獨立國家」觀念的方式。

　　我們再三思考如何運用策略來宣揚我們的「台灣獨
立建國」的主張。我們不能僅使用「獨立」字眼，因爲
「獨立」兩字用詞有時會被誤認爲是有想從某一國家脫

▲《美麗島》成立

離分離的意思，意涵台灣是某一個國家的領土。我們要
直接主張「台灣是一個獨立國家」。

　　公元一九七九年四月，我們終於發表了「黨外國是
聲明」，主張「台灣加入聯合國」。這個聲明的目的就
是在凸顯「台灣是一個獨立國家」的立場，因為只有獨
立國家才有資格加入聯合國。

2. 「台灣主權獨立決議案」

「美麗島運動」雖因軍事審判而終止，但這種「討論國家議題」的觀念已經在島內散開發展。「民主進步黨」成立時以「自決」爲主張，實際上仍不能滿足台灣的需要。一九八七年，「民主進步黨」雖然決議「人民有主張台灣獨立的自由」，但仍沒能解決「台灣獨立」的爭議，沒有滿足「台灣獨立建國」的需要。

公元一九八八年四月的「民主進步黨」「台灣主權獨立」決議案，解決了「台灣獨立」的第一層問題，確定「台灣不屬於北京中國」。這是一個影響重要的黨決議案。決議案主文說：

「爲穩定台灣人民信心，澄清台灣國際地位，本黨重申：台灣國際主權獨立，不屬於以北京爲首都之『中華人民共和國』。任何台灣國際地位之變更，應經台灣全體住民自決同意」。

這個決議確定了「台灣不屬於他國」以及「台灣有自己的主權」兩項立場。不久，「台灣教授協會」成立，首先宣稱支持「台灣主權獨立」的主張。

3. 「台灣領土範圍案」

　　台灣主權既然獨立，就沒有所謂「自中華民國脫離獨立」，或自「中華人民共和國脫離獨立」的問題。

　　二年後公元一九九〇年，「民主進步黨」又更進一步提出「我國領土範圍」決議，表示：

　　「我國事實主權不及於中國大陸及外蒙古。我國未來憲政體制及內政、外交政策，應建立在事實領土範圍之上。」

　　「台灣主權獨立」決議表示台灣不屬中國政權，「我國領土範圍」決議表明中國大陸與外蒙古不屬於台灣國家。兩項決議案完成後，明確宣示了台灣中國各有歸屬，各不互隸的立場與主張，清楚描述了「一個台灣一個中國」的現實與事實，也爲未來政治運動方向立下理論基礎。

　　「中國國民黨」政權統治台灣，採用「以中國對付台灣」，「以反共對付中國」的兩手策略。「中國國民黨」表示其統治的範圍包括中國大陸（包含西藏及新疆）及外蒙古。因台灣僅是其統治領土的一小部份，所以台灣人民僅能享有政權的一小部份。在國會席位、

中央行政系統的政務官分配，甚至公務員高普考錄取人數，都應只佔絕對少數。各級學校教室掛滿「秋海棠」式的「大中華民國地圖」。在台灣佔人口少數的「外省族群」享有大部份的政權。除了國會及政府部門外，甚至在社會、學校各處都必須「尊重多數」，讓「外省族群」代表整個「大陸各省人口及海外三千萬的不是台灣人的中國人」。這就是以「中國對付台灣」的策略，用來反對「台灣獨立」，甚至反對政治平等的主張。

　　但當有人認為既然我們是「中國人」，而國際上認為北京的「中華人民共和國」政府代表「中國」，那麼

台灣爲什麼不接受「中華人民共和國」政府的統治呢？「中國國民黨」說，原因是這樣：我們「反共」！

「中國國民黨」一方面「反台獨」，一方面「反共」，因此台灣的政治牢中不但塞滿「獨派人士」，也塞滿「統派人士」。一個政權能夠「統」「獨」均反，亦屬異數。甚至今日竟然還在運用「不統不獨」的策略與口號欺騙人民，從中取利，真是荒謬。

「民主進步黨」這兩個決議案，就是要打破這種「不統不獨」的神話，以對付「中國國民黨」的「真反獨」「假反統」的兩面做法。從此「台灣獨立建國」運動，進入一個新的階段。

台灣不再討論「台灣地位未定」議題。

台灣不再提出「脫離什麼國家」的問題。

台灣不再主張在公民投票議題上有「統一」「獨立」兩選一，或加上「維持現狀」的三選一問題。

4. 台灣正名運動

　　台灣雖然具備一個國家的成立要件，但台灣究竟欠缺一般正常國家所具備的許多條件，其中最重要的是「國家名稱」及「國家憲法」。

　　台灣台北政府使用「中華民國」名稱，但正如「民主進步黨」一九九九年「台灣前途決議文」說明中所說，雖然依目前憲法稱為「中華民國」，但「以各種不同名稱，廣泛參與各種官方及非官方國際組織」。因此，「中華民國」是台灣借用的國家名稱，並非台灣以外另外有一個名叫「中華民國」的國家存在。

　　台灣繼續使用「中華民國」名稱，與北京的「中華人民共和國」易受混淆，且使台灣陷入「屬於一個中國」誤解的危機。因此二〇〇〇年以後，「台灣正名運動」熱烈展開了。

「台灣正名運動」包括四部份：

1. 台灣國國家名稱。

2. 台灣政府文件（如護照、駕駛證照、戶籍謄本等）。

3. 政府機關或國營公司、基金會（如華航、中船、中鋼、中國生產力中心等）。

4. 民間組織、公司、社團、基金會等（如國際青
   年商會、國家獅子會、國際扶輪社、國際同濟
   會、中國信託公司，中國文化大學等）。

　　民間組織團體、公司、社團、基金會不能由政府或
立法強制正名，其餘情形，行政機關及國會則可透過各
種手續，改正名稱。

　　公元二〇〇二年，台灣護照在封面上加註
「Taiwan」文字，雖是暫時做法，但對國人旅外使用幫
助甚大，當初反對加註台灣英文字的人，也多領用新制

護照。

　　當然最重要的是「國家名稱」。

　　「國家名稱」與「國家本身」不同。前者為符號，
後者為實體。

　　國皆有名，但「國名」（國號）並非國家成立條
件。一九三三年第七屆「美洲國家國際會議」在烏拉圭
國蒙特維多市（Montevideo）舉行，簽訂有名的「蒙特
維多國家權利義務公約」（Montevideo Convention on
the Rights and Duties of States）。簽訂此公約的
國家有十九國。

公約第一條明定，國家做為國際法人應具
備下列條件：
第一、固定的人口。
第二、明確的領土。
第三、有效的政府。
第四、與他國交往的能力。

「國家名稱」並未包括在內。至於國際承認，外交
關係有無也不重要。公約第三條規定：

「國家的政治上存在，與其他國家的承認無關。即
使在國家未獲承認之前，一國亦有維護有尊嚴、獨立之
權。因此，國家亦得有依其認為適當方式進行組織，依
其國家利益制定法律，管理國家行政，制定法院管轄及
職權。」

國家名稱，有法定名稱，亦有通稱名稱。以「荷
蘭國（Holland）」為例，其法定名稱為「尼德蘭王國
（Kindom of Nederlanden）」。瑞士，世人皆知其為
瑞士（Swiss 或 Swissland），其實其法定名稱為拉丁

文的「Confederatio Helvetica」，簡稱「CH」。

　　國家之有名稱，目的在於辨別，如因其他國家使用相同或類似名稱，有造成混淆之情形，則必須更改換名，或另加符號，以示區隔。如前之「北越」「南越」，「東德」「西德」，今「北韓」「南韓」。前台灣自稱「自由中國」，以示與「共產中國」有別。此均為別稱，不是國家本名。使用別稱，目的在表示兩國之間有所不同。

　　「羅馬尼亞」（Romania）位於巴爾幹半島，為古羅馬駐防將軍所建，以「羅馬」為名，但不在羅馬，

不過因不致與羅馬之國（「義大利」）混淆，未生爭議。南斯拉夫解體後，一部份國土，成立「馬基頓共和國」（Republic of Macedonia），而希臘人認爲「馬其頓」（Macedonia）之名爲希臘人名，他國不能使用，願承認其國，但不承認其名。故馬其頓申請加入聯合國時，被迫暫時使用「前南斯拉夫—馬基頓共和國」（The Former Yugoslav Republic of Macedonia）之會員名稱，簡稱：「FYROM」。目前世界上絕大多數國家及聯合國國際組織對之均暫時使用這個名稱稱呼。

　　名號混用，如有混淆，或與其定義、性格、現狀有別，不宜使用同名，或類似之名。

　　公元一九七〇年代，我前往歐洲旅行，由德國西柏林進入東柏林。西德部份的女驗證人員看著我的「Republic of China」（中華民國）藍色護照，翻來覆去，滿面疑惑。當時台灣人民前往東柏林旅遊者應不多見，所以她說從沒看過這種護照，問說：「這是什麼護照？」我答：

　　「這是我們國家的護照。」

　　「那『Republic of China』（『中華民國』）是什麼意思？我只見過紅色的『People's Republic of

China』（『中華人民共和國』）護照，沒有看過這種名稱的護照。這兩者有什麼不同？」

「這是兩個不同國家。」

「兩個不同國家？」

「是的！」

「這兩個China的國家不同？」

「不同！」

「有什麼不同？」

「他們有人民（People），我們沒有人民（People）！」我半開玩笑的說。

「什麼？」她更迷惑了。

我是指兩個國家的名稱不同。他們的名稱有「人民」兩字，我們沒有。

那位驗證女士聽了又好笑又好氣，又問：

「你來自什麼國家？」

「台灣！美麗島（Formosa）！」

歐洲人習慣叫台灣為「美麗島」。我再三說明後，她明白了，說：

「既然是『台灣』，為什麼要叫『Republic of China』！」

　　如今中國政府開放，許多中國人民能出中國旅行。世界各國海關人員，也常分不清「台灣」「中國」兩國名稱。各國對待「台灣人民」及「中國人民」處遇不同，通常較善待「台灣人」，不善待「中國人」。為避免台灣人在外國被誤認為中國人，所以在台灣未正式正名國號以前，先在護照上加註台灣，有助國人出國時方便。

　　台灣使用「中華民國」，不但與「中華人民共和國」類似，也與事實不符，所以台灣不使用「中華民國」之名，而用本名「台灣」，不是更名國家名稱，是「正名」，使用正確的名號。

5. 台灣制憲運動

「台灣獨立建國」的主要工作除了「正名」就是「制憲」。去除「中華民國體制」的憲法，制定適合於台灣現狀使用的憲法，是建國運動中的大工程。這是「制憲建國」主張的根本理論所在。

憲法本爲規範國家組織及人民權利義務的法典。領導中國革命的孫中山一向重視制憲，曾手訂「建國大綱」，「建國方略」，提出「五權憲法」構想。他說過：

「國家憲法良，則國強；憲法不良，則國弱。強弱之點，盡在憲法。」

台灣借用中國「南京憲法」，運作自難適當。這個「南京憲法」在台灣雖經多次修改，仍多窒礙難行，未能適合現狀要求，更未能符合今日民主發展及政黨政治的需要。因此三十年來，台灣各界，爲使國家體制及法制健全化，不斷推動著「台灣制憲運動」。

公元一九九一年，海內外台灣政治領袖在菲律賓召開「馬尼拉懇談會」通過「制憲建國」，發表聲明指出：

「台灣憲政的問題，基本上是『國家認同』的問題，除非以台灣獨立為主導，進行制憲運動，無法解決台灣的憲政危機。

「『制憲建國』於是成為台灣獨立運動的階段目標，並使『台灣建國運動』，由『制憲運動』開導，一步一步展開。雖然『制憲』主張仍屬遙遠，尚待努力，但建國步驟，卻漸獲共識。」

不久，「民主進步黨」在台北召開「人民制憲會議」，通過「台灣憲法草案」，制憲運動更大力推展。

憲法的修改或制訂，都須經由一定的法律手續，但修憲制憲的推動，卻必須先經由社會上的民間憲改運

動，進行宣導思想，醞釀風潮，鼓動民意，整合共識，然後法律上的程序手續才有可能進行。

　　「制憲」是全民事業。台灣內部政治立場分歧，國外情勢複雜，新憲法的制訂，涉及國家主權的確認，國家名稱的選用，兩岸兩國關係的穩定，以及美日各國的關注，因素混淆，程序複雜，無法僅由台灣執政當局依法定程序進行，尤無法僅在立法院內，直接推動。只有在全民有共識，社會能支持，國際已有了解的情形下，才能完成制憲程序。

　　「制憲運動」的主要功能是為「制憲工程」創造有利的環境，引導制憲的方向。

6.「維持現狀」的意義

美日等國對台灣問題的主張，常常有應該「維持現狀」（Status Quo）的說法。這種說法，常常被誤認或誤導爲台灣體制不能有所改變。「中國國民黨」也藉此反對台灣獨立建國的主張，甚至反對台灣內政改革的要求。其實美、日各國所說是指「台灣海峽現狀不能任意改變」的意思，即指台灣海峽兩邊兩國不能改變互不隸屬的國際地位關係。

公元二〇〇六年三月，「世界台灣人大會」（WTC）在日本成田市成田機場附近旅社召開協調委員會時，發表「三化四現狀的宣言」，說明「維持現狀」的意義，並表示支持「台灣國家正常化」的主張。宣言中說：

「台灣是一個主權獨立的國家，這乃是不容否認的事實。台灣國家地位的正常化，不僅是海內外台灣人民的共同期望及基本責任，也是世界各國必須正視及支持的課題。

「陳水扁總統於今年（2006）二月宣佈終止國統會及國統綱領，固然令人振奮鼓舞，但這僅是台灣邁向國家正常化的初步。今後，相關法令的修正及政

策的調整，更有待海內外台灣人民共同來推動促成。
在此前提下，『世界台灣人大會（World Taiwanese
Congress）』在日本成田市召開會議，提出我們的聲明
與主張。

「我們認為台灣國家的正常化，目的在推動台灣的
政治改革，絕非片面改變台灣國際地位的現狀；主張
『台灣與中國統一』，以及中國對台灣之武力威脅及制
定『反分裂法』，反而是企圖改變現狀。

「我們認為台灣國際地位的『現狀』是指：

一．『台灣是一個主權獨立的國家』的現狀。

二．『台灣與中國互不相屬』的現狀。

三．『台灣自由民主』的現狀。

四．『台灣海峽和平安定』的現狀。」

宣言中也提出具體的三個「國家正常化」的主張：

一、政府駐外單位及國營事業正名化，

二、台灣國際關係正常化，

三、台灣與中國關係國際化。

次年，二〇〇七年，經過國內外各方面長久的溝通

與協調，「民主進步黨」也通過「國家正常化」的決議
文，強調台灣主權現狀及改革建國的立場：

「台灣是主權獨立的國家，與中國互不隸屬，互不
治理。……
「『民主進步黨』提出『正常國家決議文』，積極
推動正名、制憲、加入聯合國，落實轉型正義，與建立
台灣主體性等作為，以實現台灣為正常國家。」

決議文提出五大主張：
1.以「台灣」的名義加入聯合國、世界衛生
　組職等國際組織，且早日完成台灣正名，
　制訂新憲法，在適當時機舉行公民投票，
　以彰顯台灣為主權獨立的國家。
2.為順應世界潮流，我國應以「公元」紀
　年。
3.促進台灣國家認同，推動本土文化及母
　語。
4.經濟發展。
5.轉型正義。

7. 「台灣建國宣言」

台灣「國家正常化」，就是擺脫「中國國民黨」帶來的「中華民國憲法」體制與文化。二〇〇九年五月「世界台灣人大會」（World Taiwanese Congress；WTC）及台灣國家聯盟（Taiwan Nation Alliance；TNA）在台北舉行「海內外台灣國是會議」，發表「台灣建國宣言」，表達台灣人的基本主張與願望。

「人民有選擇自由民主生活方式的自由，堅守民主陣容，建立台灣共和，是台灣人民努力奮鬥的共同目標。一九五一年『舊金山和平條約』簽訂後，台灣已脫離日本，主權歸屬全體台灣人民，不再歸屬於任何國家。任何國家宣稱擁有台灣主權，不但違反歷史事實及國際法律，更是暴露出其不見容於二十一世紀的霸權思想。霸權思想必被歷史淘汰，必為潮流消滅。

「台灣已是一個主權獨立的國家，數十年來我們努力清除國家不正常的制度與現象，也努力捍衛台灣的主權與安全。任何政

黨與個人圖謀台灣歸屬他國，必為台灣人民
拒絕與拋棄；任何強權與帝國意圖染指台灣
佔為己有，必為世界潮流所排斥與制止。

　「我們，海內外台灣人民，堅持國家主
權獨立，抗拒任何出賣台灣的政黨及個人。
我們誓言，集中全體海內外人民的意志與力
量，決心清除殘留在台灣的外來政權餘孽，
聯合世界上尊重自由民主的國家，抵抗意圖
染指台灣的外國霸權。

　「我們決心，制訂『台灣憲法』取代
『中華民國憲法』，徹底打破外來『中華民
國』體制，努力重建本土政權，早日完成建
國使命。」

世界台灣人大會
(World Taiwanese Congress)
台灣國家聯盟
(Taiwan Nation Alliance)
2009/5/9

　　近年來台灣各界除了推動「制憲建國」以外，亦在「國旗」、「國歌」方面做過許多研究與運動。「台灣旗」及「台灣歌」（「台灣翠青」）已在國內各種活動中普遍接受使用。

台灣與中國

第五章

1. 海島與大陸無關係

公元一九八八年我在美國洛杉磯發表「台灣海峽劃分世界陸海權」演講時，曾經說過：

「台灣隔著台灣海峽，與中國大陸相望。由於台灣海峽寬度上不足以到達不受大陸政權勢力波及的程度，也未達隨時受到大陸的政權勢力波及的程度，所以數百年來，台灣人民政治生活和中國大陸政治狀況，一直有若即若離的微妙關係存在。」

台灣位於亞洲大陸東南方海外，台灣海峽北部寬約一百五十公里，南部約二百五十公里。最狹處位於台灣沿岸福建晉江（泉州）附近，為一百三十公里，比歐洲英倫海峽最狹處還寬四倍以上。

在地球各洲大陸附近的較大島嶼，與各洲大陸之間都有一些複雜的關係，包括移民、貿易、文化、戰爭、歷史各項關係。在亞洲大陸東南有「台灣」，在北美洲大陸東南有「古巴」，在非洲大陸東南有「馬達加斯加」，在印度次大陸東南有「錫蘭」，在澳大利亞大陸東南有「紐西蘭」，在南美洲大陸東南有「福克蘭群島」。

1.古巴

「古巴」位於北美洲大陸東南，原為西班牙領土，多為西班牙移民，語言為西班牙語。一八九八年「美

西戰爭」後，西班牙與美國簽訂和約，將古巴讓與美國。一八九九年起，美國在古巴實施軍事佔領。第二年五月，「古巴共和國」成立，美國軍隊退出，古巴同意「關塔那摩」地區租借給美國做爲海軍基地，並同意美國有出兵干涉古巴的權利。美國從此一直能直接間接控制古巴的經濟與政治。

公元一九五九年，卡斯特羅等人的革命成功，新政府採用社會主義，實施極權統治及計畫經濟，外交上傾向親蘇聯，採取排除美國特權的政策。一九六二年蘇聯在古巴部署核子導彈，引發美蘇核戰危機。蘇聯在美國強力壓迫下撤出。電影「驚爆十三天」即敘述此事。美國古巴關係半世紀來一直未見改善，至二○○九年初，美國新政府對古巴的政策，才稍做改變。

2. 馬達加斯加

「馬達加斯加」位於非洲大陸東南部，是個島嶼國家。十七世紀末，法國人在此建立貿易站，十九世紀時，英國勢力開始入侵。一八九五年至一八九六年，法國用武力建立了對「馬達加斯加」的完全控制，廢除當地國王。第二次世界大戰期間，一九四二年，英國軍隊

佔領了這座具有戰略價值的島嶼。一九五三年交自由法
國接管。

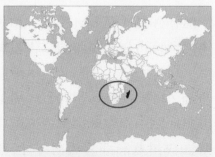

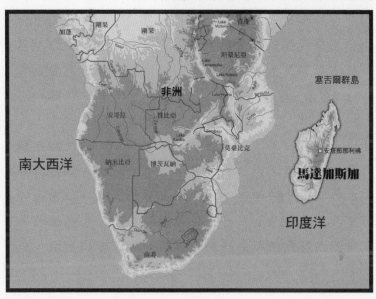

戰後，當地民族主義抬頭，爭取獨立。一九五八年
成立「馬拉加西共和國」，屬法國管轄內的自治共和
國。一九六〇年完全獨立，一九九二年改名「馬達加斯
加共和國」。

3. 錫蘭

「錫蘭」位於印度次大陸東南，在印度洋之中，東
北邊是孟加拉灣。居民多由印度遷入。一五二一年葡
萄牙人登陸，一六五六年荷蘭人入侵佔領。一七九六
年，英軍驅逐荷蘭人，「錫蘭」成爲英國的殖民地。
一九四八年二月，「錫蘭」宣布獨立，成爲英聯邦
的自治領。一九七二年改國名爲「斯里蘭卡」（Sri
Lanka）。

公元一八三〇年代，英國將印度南部的「泰米爾
人」（Tamil）大批遷至「錫蘭」，與當地人民利害衝
突關係緊張，經常因事結怨。一九五六年「正式語言
法」（Official Language Act）實施後，語言不同的
「泰米爾人」感受語言壓迫，衝突加強，戰亂不斷，其
所成立的「猛虎組織」（Tigers of Tamil），曾長期
與政府軍作戰，到最近內戰始結束。

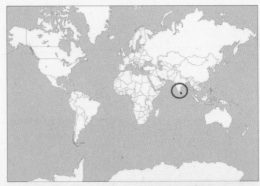

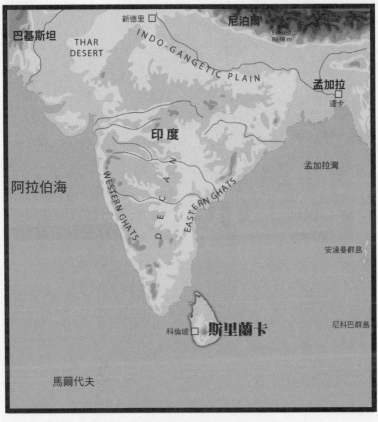

4. 紐西蘭

「紐西蘭」位於澳大利亞大陸東南三千公里的太平洋西南部，分爲南北兩島。

「紐西蘭」外交上與澳大利亞保持友善關係。國內雖有毛利族原住民，但未有激烈之對立，以「一國家兩民族」（one nation two people）觀念維持國內安全。

公元一六〇二年，荷蘭船隊抵達，以荷蘭本土「西蘭」（Zealand）命名。一七六九年庫克船長三次到訪，繪製地圖，歐洲勢力增強。一八四〇年，英國政府與毛利人簽寫條約，紐西蘭成爲英國殖民地。

與紐西蘭隔海相望的澳大利亞雖也是英國的殖民地，但「紐西蘭」無意與其結合。一九〇七年，「紐西蘭」加入英國自成爲一個自治領地，而不加入「澳大利亞聯邦」。一九四七年，紐西蘭成爲獨立國家。

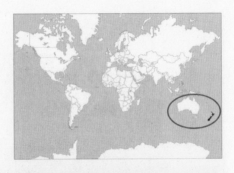

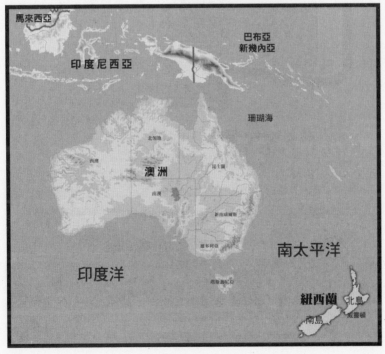

5.福克蘭群島

南美洲大陸東南方的「福克蘭群島」不是一個國家，也不屬於與其隔海相隔的阿根廷，而是屬於英國。

「福克蘭群島」，英國人稱為「Falkland Islands」，阿根廷人稱之為「Islas Malvinas」（「馬維納斯群島」）。阿根廷政府至今仍宣稱「福克蘭群島」為其領土。阿根廷國內發行的地圖仍標為其領土。

公元一五九二年，英國人發現「福克蘭群島」，後西班牙及法國航海家前後到來，而當時仍統治阿根廷的西班牙宣稱該群島屬於西班牙。阿根廷一八一○年獨立後，聲稱繼承西班牙，擁有福克蘭群島之主權，一八三三年英國奪回福克蘭群島，一世紀多來，一直為英國佔領殖民。

公元一九八二年，阿根廷總統貝隆將軍上台，企圖運用民族主義，吸引全國對經濟狀況不滿的民眾的支持，發動戰爭，攻打「福克蘭群島」。戰敗後下台，英國至今保住了對「福克蘭群島」的管轄主權。

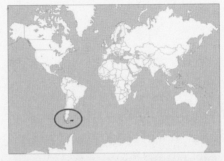

2. 海島不同於大陸

「古巴」、「馬達加斯加」、「錫蘭」、「紐西蘭」、「福克蘭群島」等地，雖然位於大陸或次大陸之邊緣，但都與該大陸或次大陸並不相屬。一般言之，海島的命運屬於海洋，與大陸次大陸本有不同。即使如錫蘭人口多自印度次大陸移入，但已發展出不同的國家文化。十六世紀開始，這些島嶼都比各大陸次大陸較早接受西洋及現代文化，加上島國不同的環境，與大陸及次大陸之間自有不同。強大如美國亦無法處置「古巴」，野心如阿根廷，執政者即因入侵「福克蘭群島」而倒台。

海島與大陸（及次大陸）各自發展文化，各自獨立生活，應是地理帶給政治社會影響的必然現象。

大陸大國固然對海洋小國造成威脅，但海洋小國對大陸大國亦成威脅。當年的古巴對美國，即因結合外力造成對美國的威脅，改變了美蘇關係。美國杜勒斯國務卿在一九五〇年代，曾指出在被赤化的中國邊緣有一個反對中國共產政權的基地，對世界反共工作有大幫助。

台灣與中國之間的台灣海峽是國際航道，無法為任一國家獨佔稱霸。一九二一年「台灣文化協會」成立時，其旨趣書即指出：

「台灣海峽
實存東西南北船
舶往來之關門，
同時世界思潮遲
早必見匯合。」

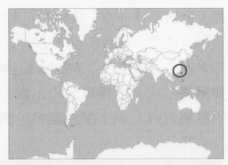

3. 台灣自古不屬中國

台灣自古不屬於任何國家，當然也不屬於「中國」。

成吉思汗時代蒙古人雖為遊牧民族，他們的馬騎奔走揚威在亞洲大陸，但其活動並不以陸地為限。一二七五年及一二八一年曾兩次渡海遠渡日本，又水陸並進，攻討安南（越南）、緬甸、暹羅，遠及南洋群島之麻六甲，蘇門達臘、爪哇，但未到台灣本島。元朝世祖時，曾派兵到澎湖群島，在澎湖設置巡檢司（隸同安縣）。朱元璋建立明朝，宣示「海外為不征之國」，澎湖巡檢司也因而廢置，並實施海禁。

明朝實施海禁，因此對航海技術及島嶼地理之智識，即未能有所進步。《明史》卷三百二十以後，有「外國列傳」九卷，台灣部份列在「外國四」，與琉球、呂宋、婆羅（汶萊）並列。

《明史》稱台灣為「雞籠」或「雞籠山」，《明史》說：

「雞籠山在彭湖嶼東北，故名北港，又名東番，去泉州甚邇。……」

　　中國人自明至清初，雖知澎湖（或稱彭湖），但對台灣本島則並不了解。朱元璋洪武二十年（一三八七年）廢撤彭湖巡檢司，「盡遷島上住民回漳泉，而墟其地」（見連橫《台灣通史》卷一，「開闢記」）。《明史》「地理志」所列明朝疆域，福建部份，即只稱：「北至嶺（與浙江界），西至汀州（與江西界），南至詔安（與廣東界），東至海」而已。

　　明朝各帝遵行明太祖「海外為不征之國」之命，鎖國禁海。公元一五九二年（明萬曆二十年）、一五九七年（萬曆二十五年）日本豐臣秀吉兩度入侵朝鮮，明朝派兵往援，日明交兵。後因豐臣秀吉死亡，日本退兵。明朝因朝鮮戰爭國力大損而致亡國。繼明而起的清朝續行鎖國禁海政策，繼豐臣秀吉統治日本的江戶幕府亦於公元一六三九年下鎖國令。兩國之間有兩百多年之久，未有交涉。台灣則一直在明人及日人視線之外。明清甚多史籍，都認為台灣為中國之外邦，所知不多。如顧祖禹所著《續史方輿紀要》敘述「彭湖嶼」猶以「北港」稱台灣，說「天啓以後，皆為紅夷所據」。其他各書大約如此：

「東番夷人不知自始，居彭湖外洋海島中。」

（陳第：《閩海贈言》，公元一六〇三年）

「台自破荒，不載版圖。」

（黃宗羲：《鄭成功傳》，明末）

「台灣者，海中荒島也。」 （同前）

「閩之海外有台灣，即名山藏中輿地圖之東港也。自開闢以來，不通中國。」

（沈光文：《重修台灣府志》中之＜東吟社序＞，明末）

明太祖（朱元璋）既禁海不事外征，澎湖各島及台灣本島，遂為海寇、倭人及洋人所據。直至鄭成功入台開國，與清人對抗，清朝政府才又注意到台灣的存在。

4. 中國的鎖國禁海

公元一六六一年，清朝因防備鄭成功等海上力量，仿效明朝政府的政策，發布禁海令，並進一步「劃界遷民」。自廣東、福建、浙江、江蘇以及山東，東南沿海居民遷徙入內地，閩粵沿海船隻，悉行燒毀，「寸板不許下水」，違者官民俱以通賊處斷。

《海上見聞錄》（見《台灣省通誌大事記》所引）說：

「悉遷海邊居民於內地，離海三十里村莊田宅，皆焚棄之。上自遼東，下自廣東皆遷徙，築垣牆，立界石，撥兵戍守。出界者亡。百姓失業流離，死亡者以億萬計。」

康熙皇帝即位時，台灣鄭成功已死，鄭經即王位，經營台灣島南北路，清朝則仍「設兵防界，不復以台灣為事」（見前引《台灣省通誌大事記》所引《閩海紀要》）。

吳三桂三藩事起，鄭經帶兵過海入攻福建、廣東，呼應吳三桂。三藩平後，康熙皇帝改變想法，決意取台。這是明太祖「不征海外」決策後三百年的大轉變。康熙皇帝說：

「台灣屬海外地方，無甚關係。因從未嚮化，肆行騷擾，濱海居民迄無寧日，故興師進剿。即台灣未順，亦不足為治道之缺。」

又說：

「海賊乃疥癬之疾，台灣僅彈丸之地，得之無所加，不得無所損。」

在康熙皇帝派軍攻佔澎湖以前，清朝屢次派員招撫，一再表明希望雙方「保境息兵」「沿海生靈，永息塗炭」。一六八○年，滿清貝子平南將軍賴塔致函招撫時，即寫說：

「台灣本非中國版圖，足下父子自闢荊榛，且卷懷勝國，未嘗如吳三桂之僭妄。本朝亦何惜海外彈丸，不聽由田橫將士消遙其間乎？」

鄭經（「東寧國王」）死後，王國內鬥，台灣終被清朝所奪。然康熙二十二年（一六八四年）施琅自台班

師回福建時，朝廷卻有「棄台」之議，「時以台灣留恐
無益，棄恐有害，持議不一」。施琅則疏奏留台，其有
名的《台灣棄留疏》這樣說：

「……此地若棄為荒陬，復置度外，則今台灣人居
稠密，戶口繁息，農工商賈，各遂其生，一行徙棄，
安土重遷，失業流離，殊費經營，實非良策。……甚
至此地原為紅毛住處，無時不在涎貪，亦必乘隙以
圖。……」

滿清政府之考慮棄台，與馬關條約後，日本入佔，
遭受台民反抗，曾考慮將台灣轉賣英國之事，前後對
照，突出台灣地理及民情之特殊性。

滿清政府雖未棄台，卻在台實施「禁渡台」、「班
兵駐台」、「官吏禁攜眷」等政策，治理方法異於中國
本土。

後日本依「馬關條約」佔台，中國清朝結束
二百十二年之統治。清末民初，中國基弱，自保已難，
更無出海拓疆之力。民國以後，中國國內政治混亂，更
無人有出兵攻台之念。孫中山曾有「恢復高台（高麗及

台灣），鞏固中華」之語，主張高麗、台灣應獨立自由。民國二十五年，五五憲章，未言及台灣。二次大戰結束，「開羅宣言」之後，又啓中國（南京）政府取台之念，旋兩岸分立，「中華人民共和國」政權亦無積極取台行動。古寧頭之役，金門砲戰，均未涉及攻台。

毛澤東在一九三八年，曾經對美國記者史諾說過：

「如果朝鮮人民希望掙脫日本帝國主義的枷鎖，我們熱烈支持他們爭取獨立的戰鬥。這一點同樣適用於台灣。」（見史諾：《紅星照耀中國》）

毛澤東及周恩來均曾公開表示強力支持台灣及韓國的「獨立解放運動」。

5. 美日的立場

　　日本二次大戰戰敗，放棄台灣。某些人依據戰時盟國所發表的「開羅宣言」與「波茨坦宣言」中「台灣戰後應歸還中華民國」的文字，主張台灣已歸還「中國」。然「開羅宣言」與「波茨坦宣言」，僅屬盟國方面的「立場聲明」，並非國際法上的「條約」。

　　「開羅宣言」與「波茨坦宣言」都不屬條約，其中關於日本應歸還台灣、澎湖等領土的部份，僅是英、美、中各國的要求，日本並未參與，亦未進入簽寫和約程序，並不發生「台灣、澎湖脫離日本國」之效力，更不發生「台灣改屬某某國」之效力。日後戰勝各國與日本簽訂條約，由日本在條約上表明願意割讓或放棄土地之意思，才有意義。

　　「開羅宣言」與「波茨坦宣言」，並未影響台灣的歸屬。「舊金山對日和約」才發生主權變化的效力。

　　日本退出台灣，台灣由「中華民國」南京政府派軍接收。蔣介石來台建立政權後，台灣政府以「中華民國」名義繼續在國際公然宣稱代表中國。一九七一年，台灣政府的代表團被驅逐離開聯合國以後，世界各國紛紛承認北京政府，與台灣「中華民國」政府斷絕外交關係。美國也在一九七九年一月起，與北京政府「關係正

常化」。

　　從此，台灣與中國的關係，進入另一階段。

　　當台灣的「中華民國」政府，佔有聯合國「中國」席位，又獲得美國等國家承認代表「中國」，台灣要主張與中國沒有關係，甚爲困難。如今，台灣可以輕易的主張與中國的「中華人民共和國」互不隸屬。

　　台灣雖然並非「中華人民共和國」領土，然北京政府卻一再宣稱台灣是其領土，或說是「中國」的領土。每一個與中國北京政府建交的國家都會被要求承認「台灣是中國的一部份」，並進而主張「中華人民共和國」爲「中國」之唯一合法政府。如接受其主張，因邏輯引申結果，台灣將被認爲是「中華人民共和國」的一部份。

　　世界各國只有少數國家接受中國的要求，至於「日本」、「美國」等國家並未接受。「美國」與「中國」建交公報上，僅提到「美國」「認知」（Acknowledge）「中華人民共和國」的立場。「日本」與「中華人民共和國」建交時，亦僅提到「日本」十分尊重中華人民共和國的這種立場。

　　美日等國之所以不肯接受，除了國際局勢及其國家

利益以外，是顧及國際法的事實。「中華人民共和國」
於一九四九年成立時，台灣並非其領土，以後並無任何
國際條約或政治、法律行爲改變台灣的現狀，使台灣成
爲「中華人民共和國」的領土。台灣主權獨立，不屬於
「中華人民共和國」，此一國際事實，不容台灣以外國
家用「政府公報」，甚至「國家條約」方式任意改變。

6. 所謂「一個中國原則」

近年來，北京政府在處理台灣問題時，常常把「一個中國原則」掛在嘴邊。所謂「一個中國原則」究竟何指，言人人殊，各有不同解釋，這是台灣無論朝野各界，向來不肯接受此原則的原因。

所謂「一個中國原則」，可就過去、現在、未來三者加以解釋。

1. 過去：指台灣與中國「曾經」同屬一個「中國」國家。

2. 現在：指台灣「現在」與中國同屬一個「中國」國家。

3. 未來：指台灣未來「要」或「應該」或「可以」歸屬於中國大陸的那個國家，或兩岸合併變成一個「中國」國家。

所謂「一個中國原則」，究竟指什麼，是指過去、指現在、指未來，必須講清楚。就過去而言，台灣確曾歸「中國」那個國家（名叫「大清帝國」），期間二百一十二年（自一六八三年至一八九五年）。但亦僅此期間而已。第二次世界大戰後，南京政府派兵前來台灣受降，將台灣歸入統治範圍，但卻並無任何法源，「舊金山對日和約」簽字後，更否定當時「受降」有任

何接收的效力。至於「中華人民共和國」則從未管有台灣。

　　所以，就「現在」而言，台灣並未屬於「中華人民共和國」。至於已亡國的「中華民國」，更無管有台灣的問題，台灣使用「中華民國」名稱，只是冒用已亡的國家名稱。

　　至於未來如何，自有各種可能發生。「民主進步黨」主張由人民自決，如未有自決決定，台灣主權獨立的狀態不會改變。

　　美國政府對台有「一個中國政策」，其政策非常複雜，有其基本立場，有其策略政策。在與中國北京「關係正常化」以前，美國政府對中國及台灣政策，曾經做過許多研究，也委託學者做過研究。學者之間也有許多研究報告，例如哈佛大學在一九七一年曾經出版一本報告：《重訂中國政策——美中關係及政策決策》（*Remaking China Policy——U.S.—China Relations and Government Decisionmaking* ），作者是Richard Moonsteen 及Motton Abramowitz教授。

　　在這本研究報告裡，作者指出台灣的現狀是「一個中國一個台灣」，「北京將必須朝著這現狀去調整」。

但是報告中也認為美國政府為了改善與中國北京政府的關係，必須表示出對台灣問題些許善意。報告中建議：

「『一個中國，但不是現在』的政策，也許可被北京認為朝向他們希望的一小步，特別是如能被日本接受。然後我們可訂出一個特別的建議，包含著『一個中國，但不是現在』機制的政策。這政策的要旨很簡明，在於：名義上承認中國完整領土包含台灣，但事實上在現在不做變更。不知如此對中國領導者有任何意義？……以目前而言，實際上的統一不可預見，亦並非樂見。」

報告中進一步指出：

「不管如何，我們仍信守我們對台北政府的承諾，保護台灣與澎湖群島。我們這種立場（指『一個中國，但不是現在』）在實際效果上，相當溫和。但這種立場，將造成一個重要的在名義上改變對日和約反應的立場。該和約並不接受台灣是中國的一部份，而容許台灣在美國與日本保護之下成為獨立國家的可能性。」

「此項立場未來如何闡明，需看北京、台北及其他地方的反應。」

這個報告的建議，我們雖沒法全部接受，但其指出台灣現狀是「一個中國，一個台灣」卻是事實。

7. 美國對台政策

三十年來，台灣局勢有許多變化。一九七一年「中華人民共和國」進入聯合國後，多數國家與中國北京政府建立外交關係，美國於數年後繼之，然訂定「台灣關係法」，與台灣互派代表維持某種外交關係。美國對台政策似仍不出上述「一個中國，但不是現在」的架構。

然而「現在」仍然是「現在」。如今現在，台灣中國，一邊一國，兩岸仍然不是一個中國。

以後台灣總統李登輝及陳水扁前後分別提出「兩國論」及「台灣中國，一邊一國」的主張，使台灣與中國的關係更加明確。

8. 中國的瓦解

近年來，北京的「中華人民共和國」雖然經濟發展，軍備強大，但並非一個正常的國家。中國在滿清乾隆期間最為強盛，可說是中國有史以來，疆域最廣的朝代。自乾隆中葉開始，國力開始消退，帝國瀕臨瓦解。

在中西交通及接觸之後，滿清帝國部份土地被外來列強侵占。俄國從黑龍江以北至西部的唐努烏梁海，佔去了大部份土地。日本依據甲午戰爭以後，一八九五年的馬關條約，割去了台灣、澎湖。另外英國佔據香港、九龍，葡萄牙佔據澳門。各重要港埠地區都有外國租借地。雖然這樣，滿清帝國的疆域仍然是中國歷史最大的。不過，由於向心力的喪失，在滿清皇帝宣佈退位以後，疆域開始瓦解，不但四周藩屬分崩離析，中原各省也被軍閥割據並呈南北對抗之勢。

清人在十七世紀入關，佔有明朝兩直隸十三布政司之土地，並擴張疆域，領土之廣遠超過明朝，除了滿洲本身以外，入關以前已征服內蒙古諸部，入關以後取得的領土如下：

一六八三年（康熙二十二年）征服台灣，

一六九七年（康熙三十六年）征服外蒙古，

一七二〇年（康熙五十九年）征服西藏，

　　一七二四年（雍正二年）征服青海，

　　一七五七年（乾隆二十二年）征服天山北路，

　　一七五九年（乾隆二十四年）征服天山南路。

　　這些征服所得的領土，構成了近代中國疆域的大部份，除了台灣已割讓以外，也構成「中華民國」初年領域的大部份。

　　滿清皇帝退位，「中華民國」成立，這些領土紛紛想脫離中國。

　　一朝帝國疆域逐漸瓦解。

　　滿洲方面，自從日本侵占台灣、朝鮮以後，勢力北上，不久與帝俄衝突發動日俄戰爭（一九〇四年）。帝俄戰敗後，退出滿洲。日本勢力侵入內蒙古，加強帝俄入侵外蒙古的決心。外蒙古因而獨立運動大起，中國挽回乏力。

　　帝俄勢力退出滿洲後，日本勢力獨霸滿洲，一九三一年（民國二十年）發動九一八事變，建立關東軍，極力經營。不久，侵占熱河，進入長城。一九三二年（民國二十一年）三月九日成立「滿洲帝國」，建都長春，扶植清朝末代宣統皇帝溥儀爲「滿洲帝國」皇帝，中日衝突之局形成，引發中國的八年抗戰。日本投

降後，「滿洲帝國」也就煙消雲散。

天山南北路，清朝建爲新疆省，屬於維吾爾族（回族），民族與宗教都與中原漢族不同。「中華民國」成立後，新疆成爲割據之局，頗受帝俄及以後蘇聯政府的支持，至土西鐵路（西伯利亞至土耳其斯坦）建築完成，新疆對蘇聯的交通比對中國方便，蘇聯對新疆的影響大增。加上回民叛亂，中國又正窮於應付日本，只能默認新疆割據，直至「中華人民共和國」建政以後，才加強對新疆的控制。現在成立了「維吾爾自治區」。

西藏方面則屬於英國勢力範圍。公元一八七七年英國正式併吞印度，開始染指西藏。一九〇四年，英國人壓迫藏人訂立英藏條約。「中華民國」成立以後，駐北京英國大使在一九一二年（民國元年）八月十七日，照會北京政府，謂英國只承認中國在西藏之宗主權，不承認中國在西藏之主權，若中國不承認英國對於西藏之要求，則英政府不能承認中國新政府。英國想以西藏問題，作承認中國新政府的條件。

中國政府拒絕英國的要求，英人遂暗中贊助西藏之獨立運動。十三世達賴喇嘛在英人支持之下，於一九一三年（民國二年）一月十一日派代表至蒙古，與

庫倫政府訂約，蒙古、西藏相互承認獨立，從此互相援助，以抵抗一切自內至外之危險。

第一次、第二次世界大戰陸續發生，中英兩國均無力處理西藏問題。第二次大戰結束後，英國勢力退出印度，對西藏也失去影響力。「中華人民共和國」建政以後，派兵入駐西藏，壓制藏人的自治權及生活習慣，引發西藏人民抗暴運動，導致藏人領袖十四世達賴喇嘛逃亡印度，至今仍在海外各地活動。達賴喇嘛雖不明確主張西藏獨立，但一直否認中國對西藏有主權存在。北京目前對西藏的控制不很穩定，付出很大的代價。

中國邊疆如此，中原本部也陷入分裂。

「中華民國」建立後，孫中山將總統職位讓與袁世凱。袁世凱在一九一五年進行帝制，意圖建立「中華帝國」，引發反帝制運動，各省紛紛獨立。袁世凱稱帝失敗死後，中國本部為軍閥所割據，孫中山在廣東進行反軍閥運動，改組設立「中國國民黨」，成立「中華民國軍政府」，自任大元帥。一九二一年（民國十年）四月召開非常國會。孫中山被選為非常大總統，繼續與北方對抗。

「中國國民黨」第一次全國代表大會，於一九二四

年（民國十三年）一月二十日，在廣州的廣東高等師範
學校開幕，倡導創立「中華民國」國民政府的想法。根
據《蔣總統秘錄》（第五冊第兩百一十五頁）的記載，
孫中山在代表大會說：

　　「為今之計，唯有組織正式政府，明示與北方脫離
關係，使我輩之革命行動，被認為政治行為，而不被認
為反抗行為。……現我們有廣東、四川數省，土地之
大，人民之多，……實有力量可以建國。本次大會之目

的有二：一為改組本黨；二為建設國家——立即將大元
帥府變為國民政府。……」

　　地區獨立或省區獨立是當時中國各地對抗北京政府
的一種政治構想。北伐成功以後，中國形式上達成統
一，以後發生八年抗戰，日本佔領中國東北，扶植「滿
洲帝國」，又在南京扶植汪精衛的維新政府（仍稱為
「中華民國」國民政府）。十數年戰亂不休，直至「中
華人民共和國」成立，才算真正統一。

9. 擴充疆土不合時代潮流

「中華人民共和國」成立以來，雖然統一中國，有效控制西藏、新疆、內蒙古，但付出許多代價，必須運用軍警特務，採用高壓政策始能穩定，但時代潮流已與前不同。北京政府亦了解本身邊疆問題的嚴重，欲保全其現有領土抵抗瓦解之勢，防止中國本部分裂已很困難，再擴充疆土已不是時代潮流所允許。近年中國雖然收回香港與澳門，但這只是英國、葡萄牙的帝國勢力消失，殖民地解體的結果，與新帝國擴張疆域不同。

10. 台灣歸入海國勢力

　　台海情勢，或台灣、中國關係，反映了世界亞洲及太平洋政治地理的均衡。

　　二十世紀以來，世界海陸權的接觸與勢力消長都影響了台灣的地位。二十世紀的最初二十五年，是日本的海權勢力強盛時代，台灣在其統治之下。一九二八年中國北伐統一以後，中國陸權興起，發生抗日戰爭。第二次世界大戰日本投降屈服，大陸勢力侵入台灣。這時海權美國勢力東來，韓戰開始後，雖然日本放棄台灣主權，但台灣並未歸入陸權國家。如今，陸海勢力平衡，台灣歸入海國勢力，不可能併入中國，也不可能由台灣去征服中國。台灣的未來，是成為世界村的一份子而不是成為中國的一部份。

　　公元一九七一年台北「中國國民黨」政府代表團被逐出聯合國，一九七九年美國和中國外交關係正常化以後，承認北京政府代表「中國」。台灣國民政府除了以台灣政府自居以外，不可能再代表中國。台灣目前的憲政制度，雖然尚未落實現實，仍然企圖用各種的理論來抵抗政治改革的要求，那不過是延長改革的時間及增加改革的代價罷了。

11. 國際關係與台灣安全

　　台灣雖然是一個獨立自主的國家，但面對中國不斷的恐嚇與威脅，台灣是否能生存，是一個大家關心的問題。

　　中國近年軍事力量大增，隨著其經濟力量的增加，不斷增加軍事預算。台灣是否足以抵擋，是否有能力生存，是國際共同關心的問題。

　　其實台灣與中國的關係，不只是台灣的問題，而是亞洲以及世界的問題。中國在台灣海峽或南中國海挑起戰火，不但影響台灣的安全，也影響亞洲及世界的秩序，世界各國不可能置而不問。台灣為了保護安全，必須與世界秩序維持健全的關係。國際關係是台灣安全的重要因素。

進化台灣國

第八章

1. 台灣進化成國

　　台灣之成爲一個獨立主權國家，是經由長期歷史演變及國人努力結果，逐漸形成。有人以台灣還欠缺一般正常國家的要件，認爲台灣不是一個國家，其觀念自屬錯誤。有些人則希望台灣「一夜變天」，在短期間立刻改換國號、國憲、國旗、國歌，成爲一個完全獨立，完全正常的國家。可是歷史上各國獨立的發展經驗，均不是這樣。

　　陳隆志博士在他「島國台灣地位的進化與退化」一文中，敘述台灣經由進化成爲一個「台灣國」的經過：

　　「講到台灣的地位，就實質的意義來加以探討，台灣的地位已定。經經營營，經過四、五十年全體島內台灣人民的努力，台灣實質上已經演進爲一個具有主權實體的國家。⋯⋯」

　　「不管以傳統的國際法與當代的國際法來講，台灣實際上是一個具有主權的獨立國家。台灣有自己的領土，有二千萬的人民，有統治領土與人民的政府。台灣的主權在民，不受任何一個國家的控制管轄。台灣有自己的軍隊國防，自己的政府、經濟、社會、文化體制，

當然也有自己的前途。這不是一個國家，什麼才是國家？」

「總而言之，四十餘年來，在獨立運動的衝擊刺激下，島內本身的變化，內外交流配合呼應，台灣真像龍蝦脫殼，一層一層，慢慢一步一步成為一個有主權實體的獨立國家。」

2. 建國必須多年奮鬥

國家獨立，成爲一個正常健全的國家，通常必須經過一段艱困奮鬥的時期。

孫中山領導中國革命，主張「民族、民權、民生」的三民主義，希望「畢其功於一役」，同時實現民族、民權、民生三部份主張。其實一九一二年他也只是達到「推翻滿清，建立共和」之目的，並未能立刻達到全部目標。

即以「蒙古國」獨立歷史經驗爲例，大家以爲「外蒙古」很順利的在一九四五年底公民投票，一九四六年一月南京政府承認，就獨立建國了。其實這之前已經有三十四年的努力。

公元一九一二年，滿清帝國政府瓦解，「中華民國」成立，「外蒙古」即宣佈獨立脫離中國。經過中蒙數次交涉衝突，加上俄國政府的介入，北京政府同意不在外蒙古設治、駐軍、移民。「外蒙古」才放棄獨立。

公元一九一五年簽可「恰克圖中俄蒙條約」，「外蒙古」承認中國宗主權，中國則承認外蒙古「自治官府有辦理一切內政之權」。雖亦規定：

「『自治外蒙』無權與外國訂立關於政治及土地關

係的國際條約。」

但並不禁止「自治外蒙」與他國簽訂商務等條約。因此「外蒙古」乃與俄國簽訂許多諸如鐵路修築等約定。今日「外蒙古」（蒙古國）鐵路多向北走進入俄國，少向南走進入中國。中國對「外蒙古」的影響越來越少。「恰克圖中俄蒙條約」給予中國在「外蒙古」徒有其名的「宗主權」，「外蒙古」則去除了中國的「駐蒙大臣」「軍隊」等等的控制，取得了實際的國家權力，為一九四六年的「形式獨立」建立基礎。

另從「愛爾蘭」建國歷史，也可見其逐步走向完全獨立建國的經過。一九一四年，經過「愛爾蘭」人不斷的反抗，倫敦英國政府制定「愛爾蘭自治法」（Home Rule Act），因第一次世界大戰發生，致未及實施。一九一六年「愛爾蘭」人發動有名的「復活節起義」，展開長期的武裝反抗運動。

後來，倫敦英國政府終於讓步，允許「愛爾蘭」自治，「愛爾蘭」反抗共和軍（Irish Repulic Army, IRA）派代表前往倫敦與倫敦政府談判。一九二一年雙方簽訂協定，英國承認「愛爾蘭」自治，做為自由邦

（Free State），但要求「愛爾蘭」應「對英國國王喬治第六及其繼承者效忠」。共和軍方面有人反對這項要求，並因對「北愛爾蘭」未包括在「自由邦」之內，甚感不滿。雖然英國軍警退出「愛爾蘭」，由「愛爾蘭人」接管，但「愛爾蘭」內部意見不同，終於爆發內戰。

　　公元一九三七年「愛爾蘭憲法」公佈，至第二次大戰結束，一九四六年宣布成立「共和國」，退出英國聯邦，始正式完成獨立。

　　大家都比較熟悉「美利堅合眾國」（U.S.A）獨立的歷史。北美洲在一七七五年進行獨立戰爭，一七七六年發表「獨立宣言」，一七七八年得到法國與西班牙承認，英國直至一七八三年始加承認。至一七八九年聯邦憲法始制定通過生效實施。

　　菲律賓由西班牙交與美國後，長期與美國軍隊發生反抗戰爭。一九三五年，美國國會通過菲律賓獨立案，次年組成自治邦政府。第二次世界大戰後，美國宣佈退出菲律賓，一九四六年，始完全獨立。

3. 正確的主張與理論

　　一個國家取得完全獨立，必須經過長期波折的奮鬥。台灣與其他國家不同的是，台灣目前並未爲其他「國家」佔領統治。一九五一年「舊金山對日和平條約」簽字生效後，台灣在法律上已非任何國家的領土。雖然早先實際統治台灣的「中華民國國民政府」不肯承認他只是「台灣」的政府，但是究竟他只是統治台灣，是台灣的實際統治者。如今政府一再改造，情勢更加不同。所以台灣的獨立建國問題，是改變台灣的政治體制，使台灣的政府成爲名符其實的台灣政府。

　　台灣的獨立建國主張，不是脫離「某國」統治，或驅逐某一外國政府的問題。是一國之內的體制改造問題。

　　長期推動台灣建國運動之人，先前只使用「台灣獨立」字眼，使人誤會台灣想脫離某國統治。一九九〇年代，有一次我去美國紐約市拜訪某位美國學者，談到「台灣獨立」主張遭遇許多困難，反對聲音很多。那位學者回答我：

　　「你們台灣並不屬於任何國家，與美國當年屬於英國不同。用『獨立』字眼，容易使人誤會是要像美國當年脫離英國一樣，是主張『分離』。爲什麼不用『反對

統一』，『反對中國併吞』字眼，更切合你們的主張，
你們的立場？」

　　他這話是對的，我們的立場與我們主張所提「獨立
建國」用語，真正的意義是：「維持台灣的獨立主權與
現狀，建立一個獨立的國家。」但所用「獨立」一辭，
易受人誤解，甚至故意曲解誤導。

　　因為台灣內部仍然有許多人不滿台灣國家的不正

常，因此不很承認台灣是一個國家。一九九〇年代在「台灣獨立建國聯盟」舉辦的一場座談會中，我面對許多反對「台灣已經獨立爲一個國家」的聲音時，說：

「台灣雖然欠缺一個正常國家通常具備的條件，但依然是一個國家，猶如在醫院保溫箱中的早產兒，雖然無法與一個正常嬰兒相比，但仍然是一個兒童，是一個人。」

台灣的「獨立建國運動」，猶如我們要照顧一個保溫箱中的早產兒一樣，要抵抗想迫害他的敵人，要設法使其茁壯，使其生長，使其成爲正常的兒童，正常的人。

「台灣獨立建國運動」，經由各種階段的發展，慢慢累積經驗，修正主張與立場，走向「國家正常化」的主張。用「國家正常化」的觀念，可在不同的場合，對抗不同的主張，說服不同的人支持。

公元一九八八年，「民主進步黨」通過「台灣主權獨立案」後，我應邀到美國訪問，到加州史丹福大學時，向一位美國中國問題專家教授誇說「台灣主權獨立

案」通過的意義及重要性。那位專家教授笑著說：

「台灣不屬於中共（『中華人民共和國』）？這種說法有什麼稀奇？這不是你們台灣的問題。爲什麼你們這麼在乎台灣是不是屬於中共？你們那個決議沒什麼特別，沒什麼新奇！」

接著他又說：

「我去台灣曾經見過李登輝總統。我的感覺，他們（『中國國民黨』）並不在乎台灣是不是中共的一部份。他們在乎的是大陸是不是你們的一部份。你們的憲法如果能明白規定你們的國土只有台灣，不包括大陸，那麼所謂國會全面改選，所謂總統直選就沒有那麼困難了。」

這位教授的話，使我沉思良久。回到台灣以後，看到「台灣主權獨立」的理論已被普遍接受，「台灣新憲法」的主張，亦已呼之欲出，「新國家運動」亦在進行。我於是與黨內同志研商，爲了表示台灣與中國大陸是截然不同的國度，爲了確定未來台灣建國的「領土」範圍，一九九〇年才又通過那個「國家領土」決議案。

政治運動的主張必須正確，必須無懈可擊，必須明白清楚，才能說服民眾，才能走向正確的路線。

4. 與中國人的爭辯

　　「中華人民共和國」時常主張台灣是他的領土，說「台灣自古屬於中國」，我們經常要為此與中國學者辯駁。一九九〇年左右，「民主進步黨」立法院黨團組團拜訪北京，在北京大學與一些教授座談時，便又為這個問題爭辯。

　　「台灣獨立建國運動」的外部阻礙，來自北京政府的敵對與領土的野心。我們清楚知道他們的態度，當然要想辦法與他們辯白。北京大學這些教授口腔一致的說，「台灣自古屬於中國，現在也是屬於中國。」我們問：

　　「那麼一八九五年的『馬關條約』呢？滿清帝國在十七世紀才佔取台灣，以前台灣哪裡是屬於中國？滿清政府在一八九五年就割讓給日本了！」

　　他們回答說：

　　「『馬關條約』是不平等條約，我們不承認！我們承認『開羅宣言』！『開羅宣言』說台灣戰後歸還中國了！」

　　我們再問：

　　「『開羅宣言』與你們有什麼關係呢？宣言說的是『中華民國』呢！宣言又不是條約。你們不知道

一九五一年的『舊金山對日和平條約』嗎？」

「『中華民國』已經不存在了，我們繼受了『中華民國』的一切地位與權利——『舊金山對日和平條約』？我們沒有參加，我們不承認！」

這種蠻橫的話，不像是教授講的話。我們只好回說：歷史是歷史，事實是事實。台灣即使是「中國」的一部份，也可分離；即使不是中國的一部份，也可結合。我們做學者的，應該確定事實，忠於史實，不應歪曲史實，來爲政治服務。

看看談不下去了，於是我建議停止座談，去參觀校園。在校園內遊走時，一位年輕的教授接近我講話。我知道當座談時，有大學共產黨黨部書記在場，他們講話有顧慮。這時可以自由發言。他說：

「剛才姚先生講的對。歷史是歷史，事實是事實。史實是史實，必須確定認清，才提出議論評論與主張。我們歷史教授告訴我們：『論出於實』，先有史實，再根據史實，發表議論……」

我很高興聽到這種話。

公元一九九九年間，我再去中國福建泉州開會。這個學術座談會本是兩國學者在談三通有關的法律問題，

但中方發言卻一再強調台灣是中國的一部份。一位中國教授的報告說，因為台灣的生活、文化、語言、宗教、歷史都與中國一樣，所以是屬於中國。他又說：

「你們台灣的媽祖信徒，每年都大批大批的來福建湄洲島媽祖宮參拜媽祖。可見台灣人是心嚮祖國的。」

台灣同去的教授們聽不下去，要求我發言駁斥。我先問那位教授說：

「你說台灣的生活、宗教、文化、歷史，與中國相同，所以屬於中國。你這話最好不要講。講了很不好！」

「為什麼不要講？為什麼講了很不好？」

「如果你這樣講，那麼西藏、新疆、內蒙古，他們的生活、文化、語言、宗教、歷史都與你們不同，應該不是屬於中國。我把你做的這篇報告寄給我的西藏、新疆及內蒙古的朋友，他們一定很高興……」

「這個……那個不同啊！」

「如果你們要讓台灣與中國合併，應該先讓西藏、新疆、內蒙古獨立，然後再來勸台灣人與你們合併。」

那位先生很尷尬，答不出話來。我又說：

「你說，台灣的媽祖信徒來福建湄洲島拜媽祖⋯⋯
我請教你，現在湄洲島媽祖宮內的那尊媽祖神像，是在
那裡雕刻上妝的？」

「我不知道。怎麼？」

「十幾年前，台灣開放人民來中國旅遊，許多彰化
鹿港——我是彰化人——彰化鹿港的媽祖信徒搶先來湄
洲島參拜媽祖進香。可是，當他們到湄洲島時，發現媽
祖宮破損不堪，而宮內並沒有媽祖神像⋯⋯」

「嗯？⋯⋯」

「因爲在文化大革命時期，紅衛兵把宮內的媽祖神
像搬走，據說放火燒了⋯⋯」

「是嗎？」

「⋯⋯這些彰化鹿港信徒，到湄洲島看了燒毀的媽
祖宮，又找不到媽祖神像，心裡很難過。他們回鹿港以
後，就集資去雕塑一尊媽祖神像——照鹿港天后宮媽祖
神像的形象雕塑——送去湄洲島，又出資修理好湄洲
島媽祖宮⋯⋯你說這是『心嚮祖國』嗎？還是要說你
們湄洲島的媽祖神像是made in Taiwan（台灣製造）的
呢？」

「嗯⋯⋯這⋯⋯」

「其實啊，拜媽祖是宗教活動。台灣朝野都沒有人反對台灣信徒來中國拜媽祖……台灣也有基督徒，也有回教徒，他們去以色列，去阿拉伯朝聖，都只是宗教信仰而已。」

他沒再說什麼。

中國的教育與思想，都只做淺層思考。有一次我到美國德克薩斯州，我的學生介紹來自中國北京的女留學生博士和我見面。她堅持我是中國人，台灣屬於中國。我說我不是。她說：

「你會講中國話，就是中國人！」

那時剛好電視上播出美國老布希總統的演講，我指著電視說：

「美國總統布希會講英語，他是英國人嗎？」

當然不是。

5. 不回中國的留學生

台灣推行「台灣獨立建國運動」常常要與中國人民爭辯。中國政府是「台灣獨立建國運動」的主要障礙之一，中國人民受中國共產黨的教育，思想上、口頭上都說反對台灣獨立，但只要我們耐心與之爭辯說明，有時也可說服他們，或了解他們真正的想法。

公元一九八八年，我與周清玉等代表「民主進步黨」受邀到美國喬治亞州亞特蘭大市參加美國「民主黨」全國代表大會，做為外國政黨列席貴賓。「民主黨」安排來自台灣及中國的各黨代表會餐。周清玉右邊坐著一位自稱是北京外交部的年輕外交官，我的左邊坐著一位在北京教「紅樓夢學」的老教授。

大家飯後開談，周清玉突然起立要離開。說：

「走吧！不要再跟他們談啦！」

我沒走，她自走開。我問那位中國外交官：

「什麼事讓我太太生氣？」

那位外交官面帶尷尬的說：

「沒什麼啦！我只是說，我們不准台灣獨立！台灣一獨立，西藏也要獨立，新疆也想獨立，內蒙古也一樣——所以我們不准台灣獨立！」

我假裝聽不懂，問他：

「為什麼西藏、新疆及內蒙古想獨立？他們被你們管的不是好好的嗎？他們為什麼會想獨立呢？」

「因為……」他答不出來。

我於是再問：

「你不是外交官嗎？外交官應該懂得說服人的。你要台灣人不想獨立，你要說服台灣人與你們合併，接受你們統治，不是應該告訴我們：看！西藏在中國統治過的多好，新疆、內蒙古也是一樣……你怎麼會對台灣人說：這些地區的人會想要離開中國，也會想獨立呢？」

那位外交官沒再多答，就離開到別桌去了。

我左邊的那老教授就說：

「這些年輕人，紅衛兵出身的，文化大革命時期都不讀書！」

和這種中國人講話爭辯，有時不必正面爭論。

公元一九九〇年，我應美國國務院的邀請，去美國各地參訪，到聖地牙哥時，來陪我的是一位中國留學生。他在途中一直勸我不要講台灣獨立，我指責他當陪導的人不應干涉我的言論，他說：

「我沒干涉，我尊敬您，我只是建議您——我們都

是中國人，中國人不應該說台灣獨立！」

我不想與他爭辯，只問：

「你什麼時間畢業，什麼時候能拿到博士學位？」

「明年暑假。」

「喔，那麼明年暑假你就可以回去中國了。回去祖國爲人民服務——你在美國是一個人嗎？還有什麼人嗎？」

「還有我岳母，妻子，女兒——我畢業後要留在美國工作！我不回去中國！」

於是我一直勸他回去：

「應該回去爲祖國服務。中國人怎麼可以爲美國社會服務？」

他爲我勸急了，生氣的說：

「你不知道共產黨多壞！一直叫我回去！我……不回去！」

前面提到的在德克薩斯州那位北京女留學生博士，我也問她何時回北京。她的回答也是不回去，她要申請把母親接來美國。因爲她說：

「在北京，沒有保障，今天有的，明天不知道還有

沒有。不像在美國，房子、財產、職位、身分，只要不
犯法，就有保障，不會隨便被剝奪。」

所以她不回去中國。

6. 「維持現狀」不接受中國統治

　　「台灣獨立建國運動」，最重要的是要立論正確。立論正確在許多地方可以暢行無阻，增加自己的自信心。

　　公元一九九〇年六月，台灣政府召開「國是會議」，會中討論議題之一是「大陸政策與兩岸關係問題」。我與「中國國民黨」代表邱進益（時任總統府副秘書長）共同主持分組。會議開始，大會工作人員準備一份調查表，請與會人員就「主張統一」、「主張獨立」或「主張維持現狀」，三者選一。我看後向大會工作人員，以及分組共同主持人，邱進益副秘書長，表示不同意見。

　　我說：我認爲三選一是不適當的，因爲「維持現狀」就是「維持台灣主權」，就是「主張獨立」，就是不接受中國統治。不表示意見的人，就是不贊成改變現狀，就是維持台灣獨立現狀。所以問卷題目不該如此設計。大會要調查，應該調查在場有無人主張「接受『中華人民共和國』的一國兩制」，亦即調查是否願意接受北京的統治。

　　大會工作人員及邱副祕書長欣然接受我的意見，乃重擬調查表，分發與會人員表示圈選意見。結果無人表

示接受北京統治。在經討論後，由我代表宣佈結論：

「與會人士無人主張接受中共『特別行政區』之安
排，無人承認是『中華人民共和國』的國民，無人相信
台灣可以立刻統一中國。」

（見《國是會議實錄》，頁一〇二七）

在分組會議中，我也一再發表意見：

（一）由於「台灣國際主權」獨立，「不屬於中華
人民共和國」，若台灣海峽現狀未經談判，沒有變更的
話，台灣永遠不是「中華人民共和國」的一部份。

（二）談判不宜預設「統一」之結論。如不預設
「統一」之結論，可贊成李前總統所說有條件對等談
判。所以我主張「正常化」案。

（三）對「正常化」之定義，如資料專輯內所列：

1.對等基礎。

2.未預設「統一」結論。

（見《國是會議實錄》，頁一〇二一）

（一）我們應該強調台灣住民自決的原則，不可在談判時，預設要統一。談判不是為了統一。

（二）台灣國際主權獨立要強調，不可多談「一國」。

（見《國是會議實錄》，頁一〇二七）

潮流情勢，台灣建國必成

聖火長跑　MARATH　　r TAIW
　　　　　U. N.　　　BERSH

1. 正道而行，邦國穩固

　　台灣成為一個主權獨立的國家，半由時代潮流及國際形勢所推動，半由台灣人民努力所追求。我們如能因應時代演化及國際發展，維持主權獨立，走向國家正常化，絕對可以成功。建國必成，有其必然的道理。

　　公元二〇〇五年，我發表《台灣條約記》一書，書中開宗明義的講：

　　「話講天下群國分合，政治紛爭，看似紛亂，毫無章法，令人眼花撩亂，但如列位看官仔細考量，便知其中有因有果，並非漫無頭緒。大凡世事變化，必有緣故，並非憑空發生。須知天上有情，地下有理，人間有法，情、理、法交互運作。宇宙萬物，世界萬國，地球萬般，莫不受其規範，聽其約束。」

　　人為萬物之靈，雖不能與天公上帝一樣，萬能萬博無所不知，然若講有人能稍知過去，略斷未來，也不完全是假話。研讀前史，考究舊事，可知過去；明白道理，細察形勢，可斷未來。各邦各國之發展有一定正道，萬事萬物之存在有一定常理。正道而行，邦國穩固，常理運作，事務發展。所謂順我則生，逆我則亡，

也可以用來說明這方面的道理。」

　　書中也引基督教聖經舊約《創世紀》的話，說明世界各地人民自由分立建國的啓示：

　　「洪水以後，他們都生了兒子。這些人後裔，將各國的地土，海島，分開居住，各隨各的方言、宗族立國。」

　　「這些都是挪亞三個兒子的宗族，各隨他們的支派立國。洪水以後， 他們在地上分為邦國。」

　　　　　　　　　（《創世紀》第十章第五節及第三十二節）

　　聖經所示天下分建萬國的啓示，與湯恩培《歷史的研究》書中「大一統崩解」的道理一樣，有歷史事實根據，更有其時代潮流及國際趨勢的原因及因素。

　　台灣的地理位置，及國際形勢的發展，更明確的指出了台灣建國必成的趨勢。

2. 台灣海峽分隔陸海權

台灣位於西太平洋東亞地區，是地球上最大陸塊（歐亞大陸塊），與最大洋面（太平洋、印度洋）的交叉點。

公元二〇〇二年，美國「優社」出版我的《我們的台灣》一書，書中就談到這個問題：

「人類的文化活動及歷史發展，與其所處的海陸地理位置及緯度高低有密切關係。地球上最大陸塊，為歐亞大陸塊，最大洋面為太平洋及印度洋。歐洲面積一千萬平方公里，亞洲面積四千四百萬平方公里，合計為五千五百萬平方公里，佔地球面積十分之一以上。太平洋面積一億七千七百萬平方公里，印度洋面積七千八百萬平方公里，合計為二億五千五百萬平方公里，佔地球面積二分之一弱，一般稱為水半球。

「這最大陸塊與最大洋面的交接線，在亞洲東部南部，北從美俄之間的白令海峽，經日俄之間的宗谷海峽，日韓之間的對馬海峽，台灣中國之間的台灣海峽，南下過南洋的麻六甲海峽，而至印度與錫蘭之間的馬拿爾灣。

「台灣海峽，正處於這交接線的中間。

「所以，台灣是地球上最大陸塊與最大洋面的交叉點。

因為有這種特殊的地理位置，因此在歷史上及在當前的國際情勢中，台灣的地略價值非常之高。台灣海峽一直是世界陸權與海權的分隔線，是亞陸中心進入太平洋，或太平洋進入亞陸中心的跳板和門戶。」

書中又講：

「研究地理位置與國際權力關係的地略學家曾說：『一國的外交政策，寫在她的地理之上。』」

「這裡的『地理之上』，不僅指她國內的地形地勢，人文水文，而且指她的四鄰位置、交通路線。一國的地理，決定了一國的外交政策。台灣的外交政策也可以自她的地理之上去尋覓。」

「台灣本島是亞洲中部大陸（中國）附近沿海島嶼
中最大者，東鄰太平洋，北鄰東海，南接巴士海峽及南
中國海，與金馬外島、澎湖群島及東沙島、太平洋連
結，牽連台灣海峽，監視南中國海，是此地區海上戰略
重鎮。

「台灣本島是亞洲大陸外緣島弧（西太平洋列島島
弧）之中間點，是西太平洋列島系列和亞洲大陸沿海低
地的交叉點。

「台灣的地理位置，居於東亞南洋航運之交接點，
地處上海、長崎、香港、馬尼拉四邊形之中心，全島由
三海二峽所包圍，控制著太平洋的西門。」

台灣這種地理位置，一方面說明她在國際政治上的
位置與重要性，一方面也在說明其與中國的關係，書中
又說：

「台灣屬亞洲東部外緣的『花綵列島』。由地形觀
察，亞洲大陸東部中央沿海地區為一連串的低地，被山
脈支脈所分隔，台灣對岸福建一帶屬『東亞低地』，地
勢都比台灣低。因台灣屬褶曲山系，由造山運動而隆

起。自北方千島群島起，經日本本土、琉球群島，至台灣，南下經菲律賓，迄印尼的蘇門答臘，連成一串的花綵列島，是亞洲大陸東側之天然防線，是西太平洋圍堵亞洲大陸的前進橋頭堡。台灣居此島列的中央突出之樞紐位置。

「就台灣的相關位置觀察，她有不可忽視的位置價值。其所佔形勢至為優越，東接大洋，西控大陸，南臨呂宋，北望琉球。換言之，她是太平洋西緣諸島弧的一環，為琉球弧與呂宋弧的匯合點。北距千島群島，與南距印尼群島，里程約略相等。在西太平洋的戰略與攻略上，都有重要的地位。

「處在這種地理位置的台灣，在政治上既不能完全堅守海洋國家陣容，也不能完全依存在大陸國家的勢力範圍內。當海權陸續發生衝擊之時，台灣難免被波及，有時她成為太平洋海權勢力外侵的跳板，有時她成為防守太平洋的前哨站，有時成為亞洲大陸的『東南重鎮』。」

3. 台灣是海洋之國

台灣主權獨立雖不屬「中華人民共和國」，但「台灣獨立建國運動」，必須面臨中國的反對與意圖染指的威脅。一九八八年我在美國洛杉磯市發表了「台灣海峽劃分世界陸海權」演講時，敘述這個情勢：

「當世界重心逐漸由大西洋移到太平洋，由北方移往南方之時，台灣處於這種戰略、地略和政略位置，逐漸發揮她的效力，展露她的價值，也面臨到各種壓力，接受到各種挑戰。

「中國為陸權國，且民性保守，安土重遷，對海洋興趣甚薄。然而，台灣一開始就顯出其海洋性文明特徵。首先在台灣建立政權的荷蘭為海權國，自不待言。入台之鄭芝龍，和開台之鄭成功父子原為海上英雄世家，海軍與貿易乃其重要支柱。此後航海、貿易、漁業一直是台灣重要的經濟活動。」

以後我寫《南海十國春秋》一書時，也提出相同的看法：

「台灣海峽，不只是台灣與大陸中國的自然隔線，

而且更具有深一層的意義，它是世界陸權與海權的分隔線。自然分隔線，是有形的。有形的障礙容易超越橫渡。陸權與海權的分隔線是無形的，是歷史的，是文化的。有形的分隔線是地區性的，只是兩地的『距離障礙』。無形的分隔線卻是世界整體的，是人類深刻的心理及社會的，也是政治勢力的隔離障礙。那是非常困難去超越的。

「台灣海峽分隔中國與台灣，分隔陸權與海權，自然提供台灣大量的安全保障。」

在那篇「台灣海峽劃分世界陸海權」演說中，我也提到「海洋台灣」與「大陸中國」不同的地緣地位與不同的歷史命運。我就歷史發展進行觀察，理解東部亞洲

西太平洋海陸權衝突的本質，斷定「大陸中國」再無強制併吞台灣的可能。我認為海權與陸權的衝突，雖不能避免，但兩者各有勢力範圍，互難相侵。我說：

　　「海權勢力與陸權勢力的互相衝突、互相消長，是亞洲西太平洋的歷史變動主因。衝突最先發生在朝鮮半島，逐漸南下移向中部的台灣澎湖，再移向南方的中南半島。

　　「海陸競爭始於公元第七世紀，當時只有日本及中國（唐朝）一對一的局面，中間以朝鮮半島為衝突中心。朝鮮半島由於本身特殊的橋樑位置，於是成為海陸權衝突的焦點，是歷史上幾次中日戰爭的戰場，也是日俄戰爭地區所在。這形成日本學者所說的『半島之命運』。

　　「海陸衝突最早發生於公元六六三年，當時的唐朝派兵前往朝鮮，和日本軍隊戰於白江口（今韓國錦江）。日軍大敗，退而佈置島國防守，實施鎖國政策。有九百年之久，日本未向外用兵。這是第一次衝突。

　　「公元一二七四年及一二八二年，中國的元朝分別派兵渡海入侵日本，因遭暴風雨襲擊，兩次均告失敗。

元朝以後的明朝行鎖國政策，直到日本豐臣秀吉發兵入
侵朝鮮，海陸權雙方始再度交兵。

「日本此役因豐臣秀吉之死而退兵，明朝也因援助
朝鮮而國力大損，以致亡國。繼明而起的清朝也行鎖國
政策，繼豐臣統治的江戶幕府在一六三九年下鎖國令。
兩國之間有兩百年之久沒有交涉。

「在中國這一方面，一八四〇年的鴉片戰爭後被迫
進入國際時代。日本方面也在一八五三年被『黑船來
航』（美國軍艦叩關強制通商）打破孤立局面。

「兩國的鎖國局面既破，隨後兩國的交涉乃至衝突
也在所難免，帝俄並於其後介入。前者導致中日甲午戰
爭，後者為日俄戰爭。

「睽諸歷史，朝鮮半島一千多年來成為亞陸國家與
海洋國家衝突的中間點。台灣因為地理條件不同，情形
有異。台灣之東邊既無海權國，對面西岸又非中國中
心，因而只發生屬亞陸國家或海洋國家的問題。在十九
世紀所謂的海權時代來臨之後，才突顯了台灣的地理價
值。

「清朝佔有台灣以後，實行海禁政策，台灣也因而
喪失海國性格，為中國大陸的清朝政權不正常的統治了

二百十二年……

　「鴉片戰爭以後，西方列強勢力東來，台灣逐漸成為列強目標。甲午戰爭以後，終為日本奪去，而入海權國家範圍。從此以後到現在有九十餘年（指自一八九五年起算），亞洲陸權無力取得台灣。」

　以後，我寫《台灣條約記》一書，又將這種理論加以說明：

　「這個海洋之國（指台灣）的西面，有一條叫『黑水溝』的大海溝（台灣海峽），與亞洲大陸隔開。黑水溝海水深沈，波浪翻滾，氣勢奔騰，船隻往來莫不心驚膽顫，視為畏途。船隻過溝必須非常小心，始得平安。船員面對黑水溝風湧水流奇景，每每嘆為觀止，感觸無限。有人為詩詠唱：『方知渾沌無終極，不省人間變古今。』（孫元衡：《黑水溝》）這條大海溝劃分了世界的水半球與陸半球，也劃分了世界陸權與海權的國家範圍。台灣是在海權國家範圍的『海洋之國』。

　「台灣這海洋之國和陸地之國有很大的不同。

　「上帝以海洋分隔地土與海島必然有祂的旨意。上

帝把地球分隔為兩部份，也必
有祂的旨意。」

　　這種「海洋之國」與
「陸地之國」的劃分，不但
說明了台灣的現狀，也指
出了台灣的未來，為台灣
建國運動建立穩定的理論
基礎。

4. 日光海水都是寶

　　或許有人認為台灣面積太少，軍事上不足以自衛，經濟上也不足以自存。這些都是農業時代的舊思想。古人說：「大國有征伐之兵，小國有備禦之固」（見前引《資治通鑑》所載），小國有小國地位，而且台灣面積三萬六千平方公里，並非小國，國民所得，經濟發展及教育普及，社會安定，都排名在世界之前。至於說台灣小國，不如他國地大物博，物產豐富，在今日科技發展時代，亦非實在。

　　公元一九八九年，我在《台灣美麗島－地理》一書中，即指出台灣地理的優勢，反駁台灣物資及能源缺乏的說法。我提出「日光海水都是寶」的說法。我在書中說：

　　「目前台灣蘊藏的物資雖不算富裕，但未來科技發展，情勢必然改觀。

　　「台灣已脫離農業時代，進入國際貿易時代。台灣的國際能力，當然依賴本身的工業與科技的能力與資源。

　　「古來工業的發展，依賴能源的提供。能源的來源，從木柴，而至煤炭，而至今日的石油。台灣今日不

僅交通、發電或工業，都依賴進口之石油。自一九七三年末季，第一次能源危機發生來，世界經濟發生了重大的變化，台灣經濟對外依賴深切，自然也受到深遠的影響。

「然而，石油並非最後之能源來源。地球地下的儲油一般相信會在二三十年內枯竭，有些石油可以在十至十五年內，由其他能源（如核子、人造燃料油）取代，而更為重要的是太陽能。

「台灣遲早必須進入科技時代，而太陽能可供應科技時代所必須的足夠能源。

「台灣的太陽能有先天優厚的條件。

「台灣位處北迴歸線之上，每年有充足之日照量，處於所謂『向陽帶』之上。

「日照量豐富之地點，雖在赤道附近，但赤道附近炎熱不適人居。溫帶之地，雖適人居，但日照量不若亞熱帶之台灣。當前世界，工業發達之國家都在北半球，人口密集地區，文化發達地帶，政治活動中心都在北半球。加上海運、空運路線匯集，台灣可充分運用其豐富陽光，產生必要能源，供給未來科技活動及其他活動之用。

「除了能源以外，就是物質。台灣各島儲藏之各種
金屬物質顯然不足，必須另覓來源，而台灣四週廣闊之
海面洋間所有的海水，即是各種需用物質來源。海水中
儲藏之物質，除食鹽外，尚存各種金屬物質。

「以陽光轉化為可用能源（如電力），由海水中提
煉各種需用物質，必須有高級科技與設備，目前成本尚
高，一時未能急速發展。然未來趨勢，國家經濟發展，
必須依賴陽光與海水，殆無疑問。台灣富有充足的日
照，及四周取之不盡的海水，在二十一世紀科技時代，
能源與物質均不虞缺乏。」

5. 鳥巢理論

以國土領域大小來論國力大小，是農業時代的想法。今日全球化時代，各國人民周遊列國，國際互相合作，國土領域大小只是國力大小的因素之一。如何看待領域（包括「領土」與「領海」），如何使用「國土領域」才是問題所在。

目前在國外台灣人的人數超過二百萬人，幾佔全國人民的十分之一。有些是暫時居住從商、就業、就學，有些落籍爲當地國民。這些人與台灣本國仍維持密切關係。每年台灣人有超過九百萬人次前往國外旅遊。台灣人出入國境的人口比例甚高。

台灣人並不安土重遷，也不死守海島，並非足不出門。這是台灣人民的海洋性格。

因此有所謂「鳥巢理論」，主張我們要把台灣本國當作「鳥巢」，不要常做「牛欄」。我在《我們的台灣》書中如此說明：

　　「有所謂『鳥巢理論』，即討論國土大小及人與土地的關係。如果一國人民把其國土當成鳥巢，其生活空間在境外各地，則如鳥群四處覓食，飛翔在鳥巢之外，鳥巢僅係其夜宿、休息、生育養育幼雛之地。鳥巢不必

甚大，在於其適當地位及安全保障。鳥群每天飛翔鳥巢附近天空山林，覓食、求偶、遊玩、活動，鳥巢僅是其棲息、居家、孵蛋、育餵之處。」

「鳥群能否生存，不在其鳥巢大小，而要看其鳥巢是否牢固，能否安全，更重要的是要看鳥群的飛翔、覓食的能力與雄心。」

「『鳥巢』與『牛欄』、『豬欄』不同。」

「有些牛豬只在欄內生活，當然要計算欄圍的空間大小。」

「台灣雖小，如果島上人民有能力在太平洋，在亞歐美非大陸，東西飛翔，南北馳騁，則台灣便是理想的『鳥巢』。」

台灣既是我們的「鳥巢」，我們的活動空間，當然不限於這三萬六千多公里的「領土」。我們還有廣泛的「海域」。太平洋與南海更是我們活動的空間。在全球化的今日，重視的是我們的競爭力，不只是「領土」及「領海」。

我在台灣歷史小說《藍海夢》一書中，藉著書中男主角，一位海員，說出這個道理：

「我們海員雖然愛海，可是我們不是海魚，我們是海鳥。魚，只能在水中生活，不能上陸，我們不是，我們海員不是。我們台灣人不是。我們既不是海中動物，我們也不是陸上民族，我們可以出海，也可以回來。我們雖然住在海島，但我們不是不能下水的虎、貓，也不是只能在水裡生活的魚、蝦。台灣人不是海島民族，我們是海洋民族，我們要像海鳥一樣，可以住陸上，可以住海上。我們像鳥一樣出海，像鳥一樣回來。我們的前途在太平洋……

「太平洋不是我們的，太平洋是大家的，是全球人類所有的，是黑人、白人、黃人、紅人所共同所有的。誰也都可以通行。太平洋雖然和亞洲大陸一樣發生戰

爭，太平洋戰爭比亞洲大陸戰爭更加激烈更加慘重。亞洲大陸停戰後，大家還在那裡爭你的我的。可是太平洋戰爭停止後，誰都不能講太平洋是誰的，誰都不能佔領，誰都不能獨佔。我們台灣人算戰勝國也好，算戰敗國也好，都可以到太平洋去，誰都一樣可以出海在太平洋來往，太平洋不是我們的，太平洋也是我們的——我們台灣雖小，但若將台灣當作鳥巢來看，那已經太大了。鳥的生活在鳥巢的東西南北四方，不是在鳥巢內。海鳥不能像豬隻一樣，一生只在小豬寮內生活，海鳥要離巢出門，但巢還是巢，家還是家，他會歸巢休息。台灣是我的家，我們要有如海鳥一樣，有盤旋天空海洋的力量，才有能力保護自己的家，才不怕家園巢穴被人所毀所佔……，我不做籠中鳥，我要做海上人，道理是這樣……」

6. 民進黨的任務

　　政治運動要講理論，也要講組織。目前在台灣內部最主要的組織是「民主進步黨」。

　　「民主進步黨」是推動「台灣獨立建國」的組織，政黨黨綱及全國代表大會有明文紀錄。

　　「民主進步黨」成立，首任黨主席江鵬堅曾經與我討論黨的任務與功能。我們的結論是：「民主進步黨」是「推動台灣民主改革運動的組織」。

　　這是黨當初成立的旨趣，也是獲得海內外台灣人民支持的原因。自一九八八年通過「台灣主權獨立案」，以至以後的「台灣憲法草案」、「台獨黨綱」等，都使「民主進步黨」的定位清楚的標明出來。自「民主進步黨」成立以來，支持「台灣獨立建國」的台灣人民，都毫無猶豫的支持她，投票給「民主進步黨」提名的候選人。

　　近年來，社會開始質疑「民主進步黨」的功能與定位。「民主進步黨」的多數領導者也經常公開宣示，「民主進步黨」只是一個「參政參選」的政黨，「民主進步黨」只是一個「選舉機器」。她的任務只是「提名」「輔選」，一切以勝選的考量。部份參政的黨員，甚至只為了爭取選票，不願多談黨的任務，甚至為了避

免敵對政黨的攻擊，或爲了獲得出現到統派媒體的機會，公開在媒體上攻擊自己政黨的建國主張。

在「民主進步黨」《公職候選人提名條例》規定中增加「民意調查」項目以後，這種情形更形嚴重。「民意調查」在提名作業的比重，自百分之三十，增加至百分之五十，百分之七十，甚至最近有全依賴「民意調查」做爲提名作業的唯一依據。這是全世界從未見過的提名制度，黨員的意見，完全被忽視。政黨組織逐漸疏散，如不稍加調整，有人認爲會有亡黨的危機出現。

台灣的政治情勢，與一般正常民主國家的政黨不同。因此，台灣的政黨也應該有不同的任務、定位及運作方式。一九二七年間，蔣渭水創辦「台灣民眾黨」時，就已了解到這個道理。他常以「本黨所定綱領爲台灣人唯一活路」自期自勉，黨內同志亦有「絕不能夠以普通政黨自居」的認識。蔣渭水曾說過：

「我理想中的民眾黨，是要造成『黨是台灣人解放運動的總機關』。」

當年，「台灣民眾黨」並不想把自己與日本一般政

黨相提並論，也不是只做為「提名」「輔選」的「選舉機器」。

　　台灣處在不正常的政治環境中，做為「推動台灣民主改革運動」組織的「民主進步黨」的任務，絕不應僅以協助黨員進入公職或使黨取得政權，成為執政黨的目的為足。

　　當然一個政黨必須參與選舉，「參政」是成立政黨的主要目的之一。「民主進步黨」成立之初，是結合「參政者」、「民主改革運動者」與「獨立建國運動者」三者而成。在成立之初，本有明白表示不應以「公職掛帥」的認識，不能由公職人員領導政黨，「黨務」與「政務」應該有所區分。參政者專心「政務」，運動者應去領導「黨務」。

　　可惜，近年來的發展，是「公職掛帥」，是「參政者」領導「黨務」，甚至「政黨」淪為「政務」的助理。「以政領黨」，「黨務」被貶低其地位，甚至被忽視，「運動者」被排除。

　　這不但妨害了台灣「民主改革運動」及「獨立建國運動」的推動，也使「民主進步黨」所得到的支持年年下滑，「選票」不增加，選民失去熱情。「改革」與

「建國」運動反而由社會團體在推動與支持。

　　「參政者」與「運動者」如果兩方面能夠合作，就可相得益彰，發揮更大效果。「運動者」協助「參政者」參選，「參政者」參加建國運動，互相幫助，既有助參政者得票，也有助建國運動的推動。近來，「民主進步黨」選情大有改善，就是兩者合作的結果。

　　無論如何，「民主進步黨」仍然是台灣國內最重要的組織。我們對她有許多期待。

7. 建國必成

　　推動「台灣獨立建國運動」既與其他一切政治運動一樣，要同時注重「理論」、「組織」與「活動」，台灣的建國理論者、建國組織者以及建國活動者必須通力合作，共同推動。如此，台灣建國運動一定會成功。

▲2004「手護台灣大聯盟」成立，李登輝前總統為總召集人，黃昭堂主席為執行召集人。

國家圖書館出版品預行編目資料

台灣建國論 / 姚嘉文作. -- 初版 -- 台北市：
前衛，2010.09
200面；15×21公分
ISBN 978-957-801-654-5(平裝)

1.台灣獨立問題

573.07   99015454

台灣建國論

著　　者　　姚嘉文
責任編輯　　番仔火
美術編輯　　朱　珠
出 版 者　　台灣本鋪：前衛出版社
　　　　　　10468 台北市中山區農安街153號4F之3
　　　　　　Tel：02-25865708　Fax：02-25863758
　　　　　　郵撥帳號：05625551
　　　　　　e-mail：a4791@ms15.hinet.net
　　　　　　http://www.avanguard.com.tw
　　　　　　日本本鋪：黃文雄事務所
　　　　　　e-mail：humiozimu@hotmail.com
　　　　　　〒160-0008 日本東京都新宿區三榮町9番地
　　　　　　Tel：03-33564717　Fax：03-33554186
出版總監　　林文欽　黃文雄
法律顧問　　南國春秋法律事務所林峰正律師
總 經 銷　　紅螞蟻圖書有限公司
　　　　　　台北市內湖舊宗路二段121巷28、32號4樓
　　　　　　Tel：02-27953656　Fax：02-27954100
出版日期　　2010年09月初版一刷
　　　　　　2012年11月初版三刷
定　　價　　新台幣200元
©Avanguard Publishing House 2010
Printed in Taiwan　ISBN 978-957-801-654-5

＊「前衛本土網」http://www.avanguard.com.tw
＊加入前衛facebook粉絲團，上網搜尋「前衛出版社」並按"讚"。
更多書籍、活動資訊請上網輸入關鍵字"前衛出版"或"草根出版"。